MABROUK
chien d'une vie

JEAN-PIERRE HUTIN

MABROUK
chien d'une vie

ÉDITIONS ROBERT LAFFONT
PARIS

© Éditions Robert Laffont, S.A., Paris, 1984
ISBN 2-221-01318-2

J'ai écrit ce récit pour aider les congénères de Mabrouk et conforter ceux qui les aiment.

J'ai essayé aussi, par ce moyen, de sortir d'une dépression qui n'en finissait pas, malgré la présence de tous les miens, et celle de Junior, qui fait beaucoup d'efforts pour être un « bon chien » et qui le deviendra sûrement.

Ce livre n'est ni une œuvre ni une somme. C'est un constat et une réflexion nourris par l'observation quotidienne du comportement de mes contemporains avec leurs animaux de compagnie.

Ceux qui détestent ces derniers — et par conséquent n'aiment pas les hommes — auront donc une fois encore l'occasion de railler.

Face à ma table de travail, une fenêtre donne sur la pelouse de Mabrouk, transformée en marécage par l'exubérance de Junior. La pluie n'arrête pas de tomber sur une terre qui n'en peut plus.

Derrière le rideau d'eau, je vois parfois Mab.

Ce n'est pas le champion, l'auteur des exploits qui enchantaient les téléspectateurs qui me manque. Non, c'est l'absence du confident, du témoin discret, du complice, du copain des bons et mauvais jours qui me rend malade et donne parfois un goût amer aux « choses de la vie ».

J.-P. H.
Le P. Serans — mars 1984

I.
Mort d'un ami

Onze heures du soir.
Tout le monde m'a quitté.
Je suis seul dans cette clinique, assis sur une chaise au centre de la petite pièce. Mabrouk est couché sur le sol carrelé, appuyé contre un mur. Une mèche de coton rougie de sang sort de sa narine.
Je n'arrive plus à penser.
Une angoisse sourde me serre la poitrine. J'ai peur, je suis seul. J'ai peur.
Je n'entends plus les rumeurs de la circulation et tous ces bruits rassurants du « jour ». Même les chiens, dans l'animalerie, doivent dormir maintenant, ils ne gémissent plus.
Je ne vais plus avoir de cigarettes ; le verre de vin que j'ai bu tout à l'heure me brûle l'estomac.
Par la porte entrouverte, je vois la table d'opération en aluminium avec à son extrémité ce trou effrayant prévu pour l'écoulement du sang.
Même dans cette clinique ultra-moderne, aseptisée, on retrouve cette odeur commune à tous les lieux où l'on soigne humains ou animaux, cette odeur qui est pour moi celle de la maladie, de la souffrance, de la mort.
Je me lève et m'approche de mon chien. Il remue faiblement la queue, me regarde intensément, comme

toujours. Je le caresse sous le menton, comme il l'aime. Je murmure :

— Ne t'en fais pas, mon petit, on va se battre, tous les deux. Je suis là. Je suis avec toi... Tu es un beau garçon. Tout ira bien, tu verras.

Je vais me rasseoir tandis que Mabrouk repose son museau sur ses deux pattes avant et ferme doucement les yeux.

Des sensations d'irréalité m'arrivent par bouffées. Est-ce bien moi, là, dans cette pièce aux murs nus avec mon chien malade, transplanté brusquement du monde quotidien à celui de la souffrance ? Je n'arrive pas à y croire.

Pourtant il y avait des signes. Mabrouk me donnait des signes...

Tout a commencé il y a un an et demi, à peu près.

Il venait de descendre de la voiture et faisait quelques pas sur l'allée d'Auteuil.

Soudain, il a paru marcher sur des braises et s'est mis à hurler de douleur.

Pendant d'interminables secondes, je suis resté abasourdi, ne sachant comment intervenir.

Brusquement, il s'est tu.

En même temps que je ressentais un profond soulagement, l'angoisse, qui ne me quittait jamais vraiment depuis que je vivais avec lui, s'est ravivée en moi. Je me suis rassuré en pensant qu'il avait sûrement marché sur un bout de verre ou une épine et j'ai soigneusement inspecté les coussinets de ses pattes. Mais il n'y avait rien.

Quelques semaines plus tard, lors d'une promenade — et cette fois j'avais eu le temps de remarquer qu'il se trouvait en déséquilibre entre la bordure de pierre du trottoir et la terre à un niveau plus bas —, il a hurlé de nouveau, toujours en me donnant cette impression qu'il marchait sur des charbons ardents.

Puis la longue plainte a cessé et il s'est remis à trotter normalement.

Le lendemain, je l'ai conduit chez un vétérinaire.

Des radios ont montré que le col du fémur, un peu atrophié, jouait mal dans la cavité de la hanche. Mais cela je le savais déjà, c'était la dysplasie, une malformation assez répandue, hélas ! chez les bergers allemands et dont Mabrouk était légèrement atteint lorsque je l'avais adopté.

— Soyez tranquille, le mal reste stationnaire, m'a rassuré le vétérinaire.

J'ai insisté pour que l'on fasse un examen plus approfondi. Une radio du bas du dos a décelé cette fois la présence de « becs-de-perroquet » — certaines vertèbres présentaient des excroissances dues à l'usure des cartilages.

— Les becs-de-perroquet, a conclu le vétérinaire, c'est douloureux, mais pas dangereux. Ils se résorbent parfois et, de toute façon, les animaux comme les hommes vivent très bien avec.

Je l'ai quitté un peu rassuré.

Pas vraiment.

Une idée s'était insinuée dans mon esprit : et s'il y avait autre chose, de plus grave ?

Quelque temps plus tard, j'ai montré les radios à quelques praticiens canadiens réunis pour un congrès au Grand Hôtel à Paris. Ils ont été formels :

— Ce chien, avec les hanches qu'il a, ne devrait plus pouvoir marcher.

Avec un brin de vanité, j'ai alors fait trotter Mabrouk devant eux.

— C'est un vrai miracle ! s'est alors exclamé l'un des congressistes.

Mon inquiétude persistant, je me suis résolu à consulter un éminent professeur. Sa conclusion a été la suivante :

la hanche de Mabrouk risquait à terme de s'atrophier et le col du fémur de sortir alors de sa cavité. Le chien, en ce cas, ne pourrait plus marcher. La seule solution serait de lui poser une prothèse. Il l'avait déjà fait et avait obtenu de bons résultats.

De nouveau, j'ai été rassuré.

Si un jour la paralysie gagnait Mabrouk, je le conduirais chez ce professeur, qui l'opérerait. Au moins les choses étaient précises, le danger défini, le remède envisagé.

Pourtant cette idée absurde, non fondée, qu'il pouvait y avoir *autre chose* subsistait...

Au printemps dernier, il y a eu une autre sorte d'alerte.

Un après-midi, dans mon bureau, j'ai soudain vu du sang sortir d'une narine de Mabrouk. Quelques gouttes qui suintaient. C'était la première fois que je voyais un chien saigner du nez.

J'ai téléphoné au Dr Landel qui le suivait depuis un an, et qui est venu l'examiner.

Selon lui, il n'y avait pas à s'alarmer : ce saignement était sans doute causé par l'atmosphère desséchée due à l'air conditionné (c'est vrai que ce printemps était chaud et que la climatisation générale fonctionnait sans interruption). Ou bien s'agissait-il peut-être d'un petit vaisseau sanguin qui s'était rompu. Par acquit de conscience, il a fait procéder à une analyse de sang, qui n'a rien décelé d'anormal.

A la suite de cet incident, j'ai fait installer un diffuseur de buée dans le bureau.

Quelque temps plus tard, nous sommes allés faire un tournage. Mabrouk devait tenir le rôle d'un gardien de but dans un match de football qui opposait l'équipe de « Trente Millions d'amis » à celle de Boulogne-Billancourt (tous les joueurs étaient en réalité des « poussins » de l'Association sportive de Boulogne-Billancourt).

MORT D'UN AMI

Comme à l'accoutumée, Mabrouk a été formidable, interprétant à merveille chacun de mes ordres, allant souvent au-devant de mes souhaits, sachant parfaitement tenir son rôle devant les caméras.

Bien campé devant sa ligne de but, il bondissait, bloquait le ballon de ses crocs ou de son poitrail, n'hésitait pas non plus à aller le récupérer entre les jambes des joueurs !

Il avait compris tout de suite que le ballon ne devait pas pénétrer dans son en-but et il le contournait par l'arrière pour s'en emparer, ce qui prouvait pour le moins une rare faculté d'adaptation. Pris au jeu, il a même aboyé pour marquer sa déception quand l'un des jeunes défenseurs de son camp est venu lui reprendre le ballon.

Michel Hidalgo avait raison quand, lors d'une interview où nous lui avions demandé quel était à son avis le meilleur goal pour l'équipe de France, il avait répondu en souriant :

— Moi, je n'en vois qu'un, qui soit capable à la fois de bien défendre ses buts, de faire preuve d'initiative, de sortir à bon escient et de faire peur à ses adversaires...

— De qui s'agit-il ?

— Mais, de Mabrouk !

L'idée m'était alors venue de lui faire tourner ce rôle.

Et là encore, il m'avait étonné.

Mais je me souviens aussi qu'il faisait chaud, anormalement chaud, en ce mois d'avril, sur le petit stade écrasé de soleil.

Dès qu'une prise était terminée, lui qui d'habitude revenait aussitôt se placer à mes côtés, courait se réfugier dans une des rares zones d'ombre. Cela m'a surpris, mais je n'y ai pas attaché d'importance sur le moment.

En juin, nous sommes allés filmer le centre de formation des chiens de la gendarmerie nationale, à Gramat, dans le Lot.

Des milliers de chiens, on le sait, sont utilisés en

France et dans le monde pour la recherche des victimes d'avalanches ou de séismes, le dépistage des personnes disparues, la détection de la drogue ou des engins explosifs, la garde de certains établissements publics ou privés. Ce n'est pas là l'un des moindres paradoxes de notre société, où la technologie a envahi la plupart de nos activités : aucun appareil, aussi sophistiqué soit-il, ne semble pouvoir égaler... la truffe d'un chien.

Dans l'émission « Les Gardiens de Pluton », nous avons montré par exemple que toutes les bases militaires françaises, en particulier les bases stratégiques nucléaires, pourtant protégées par des systèmes de radars et de lasers ultra-perfectionnés, possédaient également des chiens de garde. Au dire des spécialistes, cette dernière sécurité offre toutes les garanties : la machine la plus performante peut tomber en panne, tandis que le flair du chien, lui, s'exerce à tout moment...

Et ce sont les bergers allemands qui ont été choisis pour toutes ces missions, non parce qu'ils possèdent un odorat plus développé que celui des autres races, mais parce qu'ils présentent des qualités de sérieux, d'équilibre, d'intelligence, rendues plus précieuses encore par leur désir de bien faire pour satisfaire leur maître.

Des essais ont été tentés, en particulier avec les labradors, dont le sens olfactif serait supérieur à celui des bergers allemands. Ils n'ont pas été concluants : on s'est vite aperçu que ces chiens, bien que très doués, manquaient singulièrement d'assiduité. Si la recherche à laquelle ils participaient durait trop longtemps, ils s'en désintéressaient. On a essayé également de leur mettre le harnais pour guider les aveugles. Là encore, leur caractère leur a joué des tours et il n'était pas rare qu'ils oublient leurs devoirs... quand passait à proximité une chienne en chaleur !

Les bergers allemands, eux, sont des travailleurs consciencieux. Quand on leur confie une mission, ils l'accomplissent jusqu'au bout, quelles que soient les tentations ou les distractions. Il est fascinant de voir le berger chien d'aveugle faire corps avec son maître, le guider inlassablement en se soumettant sans cesse à ses directives puis, une fois délesté de son harnais, jouer comme un fou, sans aucune retenue, quitte à renverser des objets autour de lui !

Si j'ai quelques reproches à adresser aux éleveurs de bergers allemands, c'est d'avoir trop sacrifié, à une certaine époque, à des canons physiques impératifs qui ne correspondaient qu'à des modes — concours oblige.

Le marché étant florissant, ils ont aussi intensifié à ce point leur production qu'ils n'ont pas suffisamment tenu compte des risques de la consanguinité et mis sur le marché des sujets présentant certes de très bons pedigrees, mais très fragiles — dix fois plus qu'un corniaud — et prédisposés à des maladies congénitales, qui se sont portées en général sur les hanches.

En revanche, il faut reconnaître à ces mêmes éleveurs le grand mérite d'avoir obtenu, en éliminant des portées les sujets qui souffraient de troubles caractériels, des animaux bien équilibrés et irréprochables sur le plan psychologique.

Il faut savoir à ce sujet que les accidents tragiques dont la presse se fait parfois l'écho ne sont pas toujours dus, contrairement à ce qui a parfois été dit et écrit, à de véritables bergers allemands, mais mettent en cause des chiens d'origine incertaine que l'on a confondus souvent avec eux.

Après avoir consacré dans « Trente Millions d'amis » de nombreux reportages aux chiens formés à l'école de Gramat, nous avions le désir de montrer comment ces animaux — et leurs maîtres — recevaient leur enseignement.

La gendarmerie, de son côté, avait bien fait les choses et pour remercier l'émission d'avoir contribué à populariser ses activités auprès du grand public, elle avait décidé de créer pour la circonstance un « diplôme d'honneur de chien de la gendarmerie nationale » qui serait remis à Mabrouk, ainsi qu'un collier commémoratif, lors d'une petite cérémonie.

La veille de notre arrivée, le réalisateur de la séquence, en prenant contact avec les responsables du centre, avait cru discerner chez eux une certaine condescendance à l'égard de Mabrouk. C'était pour eux un chien de cinéma, quelque chose comme un chien de cirque, rien de comparable avec les athlètes qui subissaient ici un entraînement intensif. On nous vit donc arriver avec une gentillesse un peu amusée.

Nous avons tourné les diverses phases du dressage des chiens. L'un des morceaux de bravoure était un véritable parcours du combattant (canin) hérissé d'obstacles impressionnants, que certains champions réalisaient en établissant des *chronos* étourdissants...

Comme je ne tenais pas à fatiguer Mabrouk — il faisait un soleil de plomb et même ces molosses de trois ou quatre ans qu'étaient les chiens de Gramat semblaient souffrir de la chaleur —, je l'ai seulement fait marcher sur la poutre du portique. A la première prise, il est passé sans hésitation, lui qui voyait cet engin pour la première fois.

Ensuite, nous avons tourné les scènes d'attaque.

Au commandement, les chiens s'élançaient sur un homme revêtu d'une combinaison de protection. Cette discipline, outre qu'elle forme les animaux de défense, permet de vérifier leurs capacités d'obéissance et leur équilibre psychologique. Dans les concours, on teste aussi ce qu'on appelle leur « mordant », c'est-à-dire la puissance de leurs mâchoires. Celle-ci peut atteindre six cents kilos au centimètre carré...

J'ai décidé que Mabrouk, bien qu'il n'ait bénéficié dans ce domaine que d'une formation restreinte, il y avait déjà un certain temps de cela, tournerait également une scène d'attaque.

Et là, je dois dire que le « chien de cinéma » a stupéfié les spécialistes de la gendarmerie qui observaient la scène.

Jusqu'alors, quand les maîtres-chiens avaient lancé leur animal à l'assaut de l'homme revêtu de sa combinaison de protection, ils avaient dû hurler à plusieurs reprises leurs ordres pour lui faire lâcher prise. C'est ce qui semblait le plus difficile à obtenir.

A mon commandement, Mabrouk s'élança comme une flèche, bondit, referma ses crocs sur l'avant-bras matelassé de son ennemi supposé.

A mon premier coup de sifflet, il lâcha prise instantanément et revint « au pied » en trottant calmement.

Un silence impressionnant salua cette obéissance totale, au doigt, à l'œil... et au sifflet.

Il faut dire cependant, sans sous-estimer pour autant l'intelligence et le mérite de mon chien, qu'il se trouvait favorisé par rapport à ses congénères. Les chiens de la gendarmerie, comme ceux de l'armée, changent de maître tous les un ou deux ans, ce qui nuit, à mon sens, à une maîtrise totale de l'animal, sans doute parce que les liens qui doivent se tisser ne sont pas assez profonds.

On a vu d'ailleurs certains maîtres-chiens refuser d'accéder à un grade supérieur afin de ne pas être séparés de la bête qui leur avait été confiée. Bel exemple de la fidélité de l'homme à l'animal ou mieux, peut-être, juste retour des choses...

Avant la petite cérémonie de remise du diplôme, le commandant du centre me désigna Mabrouk.

— Regardez, il « faseye » beaucoup de l'arrière-train quand il marche.

— Oui, je sais. Ce sont ses hanches qui sont faibles.

— Pourtant, dès qu'il trotte, cela ne se remarque plus. Il compense... il a sa fierté.

C'était vrai. Peut-être Mabrouk avait-il conscience de son handicap et s'efforçait-il de le dissimuler...

Lors de la petite cérémonie filmée, il fit preuve d'un certain courage.

Au centre d'un grand carré formé par les maîtres-chiens au garde-à-vous, tenant leur animal au pied, il était assis à quelques mètres de moi, immobile, tandis que les caméras tournaient et que le commandant du centre de formation lisait son discours.

— *Mabrouk, pour vos qualités de chien de travail et de fidèle compagnon de l'homme, j'ai le plaisir de vous faire chien d'honneur de la gendarmerie et de remettre à votre maître le diplôme attestant cette distinction et à vous-même un collier d'honneur...*

Les chiens qui nous entouraient ne semblaient pas manifester des sentiments très amicaux envers le « nouveau ». Celui-ci, qui tournait le dos à la plupart d'entre eux, entendait leurs grondements de rage. Pourtant, comme je lui en avais intimé l'ordre, il restait immobile, strictement immobile.

J'étais anxieux et j'avais insisté pour qu'on tienne bien les chiens, afin d'éviter tout incident.

Et, bien sûr, cela n'a pas manqué...

A la fin du discours, l'un des molosses a échappé à son maître et s'est rué vers Mabrouk.

Celui-ci s'est retourné.

En vrai chef de meute qu'il est, il a fait front en montrant ses crocs.

L'agresseur a hésité, puis est reparti à sa place, la queue entre les jambes.

J'ai poussé un soupir de soulagement, mais ce n'est que quand la dernière prise de tournage a été « dans la boîte » que j'ai respiré vraiment...

Cet été, pendant les vacances, l'inquiétude a continué de me ronger.

Mabrouk avait beau courir comme un fou, jouer comme un gamin, mes amis pouvaient m'assurer qu'ils ne l'avaient jamais vu en meilleure forme, le cafard ne me quittait pas pour autant.

Je voyais bien, moi, qu'il n'était plus tout à fait le même.

Lui qui adorait l'eau venait se baigner sans enthousiasme, seulement pour me faire plaisir, me semblait-il. Il supportait de plus en plus difficilement le soleil et la chaleur.

Je l'observais sans cesse et pensais : ce sont ses hanches ou encore son pancréas fragile (depuis des années, il souffrait d'une insuffisance pancréatique).

Jamais pourtant il ne m'avait paru si beau. Durant ces dernières vacances, je l'ai pris sans cesse en photo, alors que jusque-là je ne l'avais guère fait. Il est vrai que les photographes professionnels s'en chargeaient.

Oui, cet été-là, j'ai impressionné des rouleaux entiers avec une sorte de frénésie que je ne m'expliquais pas. Pourquoi voulais-je à ce point fixer son image ?

Et puis est venu ce vendredi de septembre.

Il y a quatre jours.

La voiture filait sur la route. Nous allions à Charleville-Mézières pour assister à un concours de dressage.

De temps en temps, je jetais un coup d'œil. Mabrouk était à l'arrière, avec les enfants d'une amie, autrement dit, il était le plus heureux du monde, car il adore les enfants. Jamais je n'ai vu un chien les aimer à ce point.

Je me souviens d'une émission que nous avons tournée dans une école parisienne. Nous voulions montrer les liens profonds et la connivence qui s'instaurent naturellement entre les enfants et les animaux.

Pendant une journée entière, Mabrouk a été soumis aux caresses, aux jeux, aux caprices et même parfois à la tyrannie d'une classe entière ! Il est resté stoïque, très digne, ne manifestant pas le plus petit signe d'énervement.

Ah, les enfants...

Il n'y a que pour eux qu'il me fait des infidélités. Il est capable de me laisser tomber pour jouer avec des gosses, pendant des heures et des heures. A la campagne, lui le gardien fidèle et intraitable de la maison, n'aboie jamais contre les enfants, et ceux du voisinage viennent sans crainte, à tout moment, nous rendre visite. Ils savent qu'ils ne risquent rien. Je crois que, face à Mabrouk, les seuls voleurs qui aient quelque chance de succès sont ceux en culottes courtes.

Et quand, pour la première fois où nous vivions ensemble, j'ai dû quitter Mabrouk pour un voyage d'affaires d'une semaine à Tahiti, je l'ai confié à l'une de mes collaboratrices... et à ses deux enfants.

Là-bas, à l'autre bout du monde, cette séparation me pesait lourdement. Heureusement, elle était adoucie par la rencontre d'un autre chien, une sorte de cousin de Mabrouk, un bâtard que j'ai baptisé « Bob de Tahiti ». Dans ce pays idyllique, il était toute la détresse du monde : « cartonné » par un automobiliste, il boitait et vivait en clochard, au jour le jour, en grand danger de finir dans la marmite d'un Chinois friand de chair canine. (Depuis, on le sait, Brigitte Bardot s'est lancée dans une courageuse campagne pour dénoncer de telles pratiques.)

Je retrouvais en « Bob de Tahiti » cette innocence, cette fragilité, qui chez le chien me vont droit au cœur.

Un chat abandonné dans la nature parviendra toujours à subsister en chassant, même s'il a vécu jusqu'alors comme un animal de salon, car le « fauve » réapparaîtra rapidement en lui.

Mais le chien, pour avoir trop servi l'homme depuis le fond des âges, sera beaucoup plus malheureux dans son errance. Il aura du mal à assurer sa subsistance ; la nécessité de sa survie et son besoin d'affection attacheront ses pas à ceux de la première personne qui lui manifestera quelque intérêt.

Qui n'a pas été suivi, une fois dans son existence, par un de ces chiens pathétiques, pour lui avoir simplement adressé en passant un mot d'amitié ?

Cependant, bien entendu, je n'oubliais pas Mabrouk et envoyais télex sur télex à Paris pour m'assurer que tout allait bien. Oui, il mangeait bien, Mabrouk... non, il ne souffrait de rien... oui, il s'amusait beaucoup avec les enfants...

A mon retour (j'avais trouvé une âme compatissante pour se charger de « Bob de Tahiti »), Mabrouk a boudé, mais je me demande si ce n'était pas une attitude un peu forcée, pour le principe et afin de me faire savoir que, tout de même, ce n'étaient pas des choses à lui faire...

Les enfants...

Il n'y a qu'avec eux qu'il enfreint les interdits, déroge aux règles. Par exemple, le soir quand nous sommes à la campagne, il dort en bas de l'escalier. Il n'a pas le droit de monter à l'étage.

Pourtant je sais que lorsqu'il y a des gosses à la maison, il lui arrive, au petit matin, de grimper jusqu'aux combles où ils dorment. Il se coule doucement dans leur chambre et s'installe comme pour veiller sur eux. Au moindre bruit, le plus imperceptible, en provenance de ma chambre, il s'esquive... et quand je descends l'escalier, je le trouve là, à sa place habituelle. Il vient me dire bonjour, mine de rien.

Deux ou trois fois, peut-être quatre, en passant devant ma chambre, il n'a pu résister et a enfreint un interdit majeur : il est entré.

A chaque fois il exprimait une joie indicible, il était dans l'antre de Dieu.

Il se jetait sur moi, me donnait quelques petits coups

de langue puis, sans que j'aie prononcé le moindre mot, se sauvait en ayant l'air de dire : je sais, je sais, je n'ai pas le droit d'être là. Je m'en vais...

Il descendait l'escalier à toute vitesse et m'attendait en bas. C'était de la comédie, alors qu'il venait de passer deux heures dans les combles...

Ce n'est vraiment pas le chien abruti et totalement soumis aux commandements : il sait se ménager de petites aires d'indépendance, composer avec les ordres. Ainsi, quand il se promène avec moi, il contourne les flaques d'eau, fait attention de ne pas se salir. Avec d'autres personnes, il se roule dans la boue, patauge, il adore ça, comme tous les chiens.

En voiture, sa place est à l'arrière, sur le tapis de sol — ce qui m'a obligé à faire l'acquisition d'une DS puis d'une CX, beaucoup de marques n'offrant qu'un espace trop exigu à l'arrière (la Rolls Royce en particulier, que je déconseille fermement aux propriétaires de gros chiens !). Si j'interdis ainsi à Mabrouk de prendre place sur la banquette, c'est surtout par précaution en cas d'accident.

Mais quand des enfants sont là, alors il triche un peu, il reste debout et pose un petit côté de son postérieur sur la banquette entre eux. Question de préséance : sans doute considère-t-il que si des enfants occupent cette place, il y a droit aussi.

C'est tout cela qui fait que ce chien est adorable, cette manière qu'il a de mener sa vie à lui tout en s'intégrant à la mienne...

Nous approchions de Charleville-Mézières.
— Il saigne ! Mabrouk saigne !
J'ai freiné, arrêté la voiture. Nous sommes descendus.
C'était vrai. Un filet de sang coulait d'une narine de Mabrouk. Le chien était calme, silencieux. De temps en temps, d'un coup de langue, il léchait son sang.

Je l'ai essuyé avec des mouchoirs en papier, lui ai donné de l'eau à boire. La chaleur, c'était sûrement la chaleur, ça n'allait pas tarder à s'arrêter, comme la première fois.

Les mouchoirs étaient rouges de sang.

Puis le saignement a diminué.

Enfin il s'est tari.

Soulagement...

Nous sommes remontés dans la voiture. Tout en conduisant, j'ai décidé que je soumettrais dès que possible mon vieux Mab à un nouveau check-up.

De temps en temps, je jetais un coup d'œil dans le rétroviseur. Les enfants lui prodiguaient des caresses, des encouragements. Il était tranquille, comme si rien ne s'était passé.

Au moment où nous arrivions au domaine des Poursaudes, où se déroulait le concours de dressage, les enfants m'ont alerté de nouveau : Mabrouk s'était remis à saigner et cette fois, me sembla-t-il, plus abondamment. Heureusement, nous étions dans un centre équestre et j'ai obtenu facilement l'adresse d'un vétérinaire. Nous sommes repartis avec Mabrouk. Je fonçais dans la ville...

Quand je suis rentré dans le cabinet du praticien, le sang s'était de nouveau arrêté de couler.

Le vétérinaire a examiné sommairement Mabrouk et, comme son collègue parisien, il a conclu que l'hémorragie provenait sans doute de l'éclatement d'un vaisseau. Il m'a donné une ampoule d'hémostatique. Si le saignement reprenait, je lui ferais une piqûre. De toute façon, il me conseillait de soumettre mon chien à un examen approfondi, dès mon retour à Paris. Telle était bien mon intention...

Sans cesse, j'observais Mabrouk. La peur de voir le sang réapparaître dans sa narine m'obsédait.

Au domaine des Poursaudes, les épreuves de la journée étaient terminées. C'était la fin de l'après-midi.

Nous nous sommes rendus à l'hôtel où j'avais retenu des chambres.

Au moment d'entrer dans le hall, des pensées dérisoires m'ont assailli, se mêlant à mon angoisse.

Si Mabrouk saignait de nouveau, que diraient les hôteliers ? Déjà, j'imaginais le sang tachant en gouttes épaisses la moquette des couloirs et des chambres... et le soir au dîner, dans la salle à manger, tous les clients en train de nous fixer avec horreur ! Nous allions faire scandale... peut-être allait-on refuser d'héberger le chien, et en ce cas qu'allais-je faire ?

Les formalités réglées à la réception, tandis que les enfants et leur mère montaient prendre possession des chambres, j'ai emmené Mabrouk sur un bout de gazon qui faisait face à la réception.

Là, je l'ai fait se coucher sur l'herbe.

Il fallait qu'il bouge le moins possible, pour que ce satané vaisseau ait le temps de se cicatriser...

Assis à côté de lui, je le caressais doucement.

— Tranquille, mon chien, tranquille... il faut te reposer. J'espère que tu n'as rien de grave... Tu ne vas tout de même pas me faire ça, dis, mon vieux...

Il ne saignait pas, mais son regard me paraissait lointain. De temps en temps, il voulait se lever, mais je l'obligeais à rester étendu.

— Pas bouger, Mabrouk, attends encore... il faut qu'on soit sûr que c'est vraiment terminé. Oui, je sais bien, d'habitude quand on arrive dans un hôtel, tu es accueilli comme un roi. Mais aujourd'hui, il vaut mieux que l'on soit discrets...

C'est vrai, lorsque nous nous déplaçons pour les tournages, les hôteliers sont toujours ravis de recevoir la mascotte de « Trente Millions d'amis »... et sa renommée rejaillit un peu sur moi : on fait signer le livre d'or au « maître de Mabrouk »...

Nous sommes restés un bon moment dans ce jardin.

J'ai commencé à me détendre. Pas de trace de sang. Le vétérinaire avait bien raison, c'était simplement un vaisseau sanguin qui avait éclaté, et puis la chaleur...

Il fallait que je lutte contre cette tendance que j'avais à tout dramatiser. Mabrouk avait besoin d'un maître joyeux et décontracté...

J'ai fait apporter à boire pour nous deux, un grand bol d'eau fraîche pour lui, une coupe de champagne pour moi.

Et puis nous sommes allés rejoindre les autres dans la salle à manger.

Comme d'habitude, Mabrouk s'est placé sous la table et est resté sage comme une image. Moi, je mangeais machinalement, sans cesser de le surveiller. Mais tout allait bien, tout semblait normal.

Normal... oui, désormais, tout allait redevenir normal.

Nous sommes montés dans les chambres et, là, mon chien a retrouvé toute sa vitalité. Il allait de la chambre des enfants à celle de leur mère et à la mienne en courant comme un fou, joyeux, bondissant... et moi, j'étais heureux de le voir ainsi mais, en même temps, j'avais peur qu'il ne s'agite trop.

Je l'ai fait dormir à côté de mon lit, pour une des rares fois de sa vie.

Depuis le premier jour où nous avons vécu ensemble, nous nous sommes presque toujours séparés pour la nuit, sauf évidemment quand nous avions l'obligation de voyager en train.

J'ai voulu faire en sorte que Mabrouk, étant sans cesse à mes côtés tout au long de la journée, attentif à mes moindres gestes, réagissant à mes moindres paroles, puisse être éloigné de moi pour ses heures de sommeil. Comme un bon couple, nous avons besoin de plages de tranquillité. D'ailleurs, il n'a jamais renâclé à cette séparation.

Lors de nos déplacements, j'ai toujours veillé à ne pas déroger à cette règle. Lorsque nous descendons dans un hôtel, je le fais coucher dans la salle de bains et si celle-ci n'a pas de fenêtre, je prends toujours une chambre avec salon.

La célébrité de Mabrouk jointe à sa « parfaite éducation » m'ont permis de résoudre ce problème de l'hébergement des animaux dans les hôtels, qui continue malheureusement à se poser à de nombreux propriétaires de chiens et de chats.

Cette nuit-là, j'ai eu du mal à fermer l'œil. Je me disais : s'il se met à saigner et que tu es en train de dormir, ce n'est pas lui qui te réveillera... Alors, je somnolais, puis je reprenais conscience et l'entendais bouger, renifler, se gratter.

A diverses reprises, j'ai allumé la lumière. Tout allait bien. Pendant cette nuit interminable, les idées sombres ont roulé dans ma tête, des images surgissaient et me meurtrissaient.

Août 1973...

Je revenais de Deauville, un dimanche soir, avec des amis dont la voiture précédait la mienne. Retour de week-end, véhicules roulant presque pare-chocs contre pare-chocs.

Soudain, j'ai eu la vision fugitive d'une forme surgissant sur la route... traversant devant ma voiture... Un chien !

Je n'ai pas eu le temps de freiner.

J'ai senti un choc, à l'avant... et puis je n'ai plus rien vu. Que s'était-il passé ?

Le flot incessant me tenait prisonnier, je ne pouvais pas m'arrêter, aller voir, je ne pouvais rien faire, il fallait que je continue de rouler....

Arrivé à Paris, j'ai tout de suite raconté à mes amis ce qui s'était passé, comme pour m'en délivrer.

Ils m'ont persuadé que je n'avais sûrement que heurté

légèrement l'animal, qu'il avait dû s'enfuir, qu'il courait peut-être encore ! Avais-je des traces sur mon pare-chocs ? Non ? Eh bien cela prouvait qu'ils avaient raison. Et puis, de toute manière, ce chien aurait pu surgir devant n'importe quelle voiture, la leur par exemple.

C'était le hasard, la malchance...

Quarante-huit heures plus tard, je recevais un coup de téléphone de la Guadeloupe, où mes enfants étaient en vacances.

Jimmy, mon chien Jimmy le bâtard, était mort sur la route, écrasé par une voiture.

Et j'ai pensé alors : tu paies.

C'était pure superstition, je le savais, mais comment ne pas en être un peu imprégné quand on vit avec des animaux ? Entre eux et nous s'établissent des habitudes, des rites : mots-codes, signes, modes de vie très réglés. Tout cela se transforme peu à peu en une sorte de cérémonial et, derrière le cérémonial, il y a la magie. Tout ce qui dérange le rituel devient maléfique.

Et puis, cet été...

Je venais de nettoyer ma carabine et voulais tirer un coup de feu. J'ai appuyé l'arme contre ma hanche et l'ai braquée vers le fond du jardin. A cent mètres de là, il y avait un oiseau sur un poteau.

Bien entendu, je n'avais aucune envie de le tuer, je déteste arracher des vies. Je n'ai même pas pensé qu'il risquait quelque chose, je ne le visais pas.

J'ai pressé la détente.

L'oiseau s'est abattu.

Un remords terrible m'a gagné et ce qui était arrivé à Jimmy m'est revenu en mémoire.

Vie pour vie... quand allais-je payer ?

Mabrouk...

J'ai tenté de réagir contre cette idée, mais... vie pour vie... ces mots m'obsédaient. Vie pour vie...

Au matin, à l'hôtel, Mabrouk n'avait pas recommencé à saigner. J'ai ressenti un intense soulagement, comme si avec la nuit s'étaient évanouies toutes les menaces...

Nous sommes retournés assister au concours de dressage. Dans la grande prairie, nous avons discuté avec les cavaliers et les amateurs passionnés qui suivaient les épreuves.

Mabrouk gambadait, il était heureux. Lui qui aime bien la compagnie des chevaux avait retrouvé deux d'entre eux, Folie et Mars, qui sont à l'école d'équitation voisine et que je monte de temps à autre.

Folie est le plus âgé, c'est un pur-sang qui a gagné des courses avant de venir prendre pension au centre équestre. Il n'aime guère Mabrouk et je prends toujours garde qu'il ne le morde pas ou ne lui décoche pas une ruade.

Mabrouk n'éprouve pas non plus une grande sympathie à son égard et, dès que le cheval adopte une attitude qui lui semble menaçante, il gronde et montre les crocs.

En revanche, Mars, bien plus jeune, a très bon caractère. Je me souviens d'un jour d'orage où Mabrouk est venu spontanément se réfugier dans son box. Le chien est resté debout, entre ses jambes, tandis que le tonnerre grondait. J'avais peur qu'un sabot lui écrase la patte, mais je n'osais rien dire, je ne bougeais pas... et Mars a calmement accepté son rôle de protecteur.

Il ne faudrait pas déduire de cela que Mabrouk se sent inférieur aux chevaux : il se considère sûrement comme leur égal. Ainsi au début, lorsque nous étions au manège ou dans la « carrière », si l'animal que je montais commençait à désobéir, à se cabrer, alors mon chien transgressait les ordres : il quittait la pelouse où il devait rester et se précipitait en aboyant, prêt à mordre.

Il ne me croyait aucunement en danger, mais voulait dire au cheval rétif : « Arrête immédiatement ! Qu'est-ce que c'est que ces manières ? » Comme la plupart de ses congénères, il a un grand sens de l'ordre, de la respectabilité même.

Tous les propriétaires de chiens savent qu'en général s'ils s'amusent à mimer un combat avec quelqu'un, alors leur compagnon intervient, s'interpose entre les protagonistes, aboie, manifeste son mécontentement. Si c'est un animal dressé, il grognera en montrant les dents pour signifier : ne touchez pas à mon maître. Ce qu'il voit rompt avec l'ordre du monde dans lequel il est intégré et il ne peut l'accepter, même sous forme de simulacre.

En plus, il sait que « jeu de mains égale jeu de vilains ».

Les chevaux ont fait commettre à Mabrouk le seul larcin de sa vie.

Comme il n'avait pas droit au sucre (à cause de son insuffisance pancréatique), j'évitais de lui montrer que j'en donnais aux chevaux quand j'allais leur rendre visite et j'apportais des carottes. Les carottes, si les chevaux les apprécient beaucoup, les chiens, eux, ne les prisent guère.

Pourtant, un jour, Mabrouk en a volé une, dans un seau devant un box, et a filé avec. Il l'a seulement mordillée. C'était de la jalousie : si les chevaux y avaient droit, pourquoi pas lui ? D'une certaine façon, il manifestait aussi son désir de continuer de tenir la même place dans notre univers, en bénéficiant des mêmes faveurs que les autres.

Cette interdiction de manger du sucre lui a fait commettre un autre péché, celui de gourmandise, une unique fois.

Un jour il s'est trouvé à l'arrière de la voiture à côté d'un paquet de sucre oublié sur la banquette. Il a déchiré l'emballage et a commencé à lécher les morceaux. A l'arrivée, il n'en restait plus. Ainsi s'était-il vengé avec délectation de plusieurs années de privation.

Le soir, nous avons repris la route. Le concours n'était pas terminé, mais j'avais peur qu'avec la chaleur les saignements reprennent. Chez moi, je pourrais agir plus efficacement.

Le dimanche, il n'y a pas eu d'alerte, mais Mabrouk s'est tenu une bonne partie de la journée à sa place favorite, à l'ombre d'une touffe d'arbustes.

Quand je me suis installé dans cette maison, je me suis senti très fier de l'instinct et de l'intelligence de mon chien : il avait choisi l'endroit non seulement le plus frais du jardin, le mieux protégé du soleil, mais aussi celui qui offrait le meilleur point d'observation stratégique : de là, il pouvait aussi bien surveiller la porte d'entrée de la maison que l'allée menant au portail et exercer ainsi parfaitement son rôle de gardien.

Mais cette fois, ce séjour prolongé m'a inquiété.

— Alors, mon vieux, tu n'aimes plus le soleil ? Il n'est pourtant pas si terrible, on est en septembre...

Mabrouk ne bougeait pas. Il me regardait avec un air triste. Depuis que ce chien était entré dans ma vie, il n'avait cessé d'être une source de joie et d'inquiétude mêlées. Ma responsabilité à son égard me semblait parfois si écrasante ! Comment répondre à un tel élan, à un tel don de soi ?

Je tentais avec maladresse d'interpréter les signes qu'il m'adressait, mais étais-je sûr de bien les comprendre ?

Pourquoi fuyait-il à ce point le soleil ? Cela voulait sûrement dire quelque chose.

Et puis son comportement ce jour-là, avec les poules, n'était-ce pas un autre signe ?

Habituellement, quand les poules s'approchent trop près de la maison, nous avons un code, tous les deux : je fais entendre un signal convenu entre mes dents : « psitt ! psitt ! » et Mabrouk court les éloigner. Il ne leur fait jamais aucun mal, car il a parfaitement compris les limites de sa mission. Les poules se sauvent en piaillant mais, depuis le temps, elles doivent bien savoir que le danger n'est pas réel. D'ailleurs, quand Mabrouk sort sur la pelouse, elles viennent picorer sans crainte autour de lui et « Mémère », la plus audacieuse, n'hésite pas à escalader son flanc.

Auparavant, il s'élançait comme un fou en aboyant joyeusement. Ce dimanche-là, il m'a obéi, mais n'a pas couru longtemps. Ça ne paraissait pas l'amuser. Il est vite revenu occuper sa place à l'ombre.

A nouveau j'ai tenté de me rassurer. Il avait plus de six ans, ce n'était plus un jeune chien fou mais un adulte, il s'apaisait.

Et soudain, m'est venu en mémoire le poignant roman de Colette Audry, *Derrière la baignoire*[1], qui raconte comment sa chienne Douchka, violente et possessive, tombée soudain malade et atteinte du typhus, va mourir derrière la baignoire où elle avait l'habitude de se cacher quand elle avait fait une bêtise.

Et si les longs séjours de Mabrouk sous les feuillages étaient sa manière à lui de se cacher, de me cacher une maladie ?

Autant les chiens sont douillets et hurlent si vous leur marchez sur une patte, autant ils savent dissimuler le mal dont ils sont atteints. Si on les aime et qu'ils sont heureux, ils peuvent très bien, par une sorte de pudeur instinctive et profonde, se cacher pour souffrir comme s'ils ressentaient quelque honte à inquiéter leur maître.

Je me souviens d'un berger allemand ami de Mabrouk, qui avait des ennuis de santé, mais rien d'apparemment très inquiétant. Un matin, il est sorti avec un peu de difficultés faire sa promenade quotidienne avec son maître. Il semblait parfaitement normal quand soudain il s'est couché sur l'herbe et a poussé son dernier soupir, tranquillement, sereinement.

---

1. Ed. Gallimard.

Voilà les chiens : ils sont capables de rester vaillants avec quarante ou quarante et un de fièvre, de résister, de tenir le coup sans rien laisser paraître, et puis ils s'abattent en silence. J'ai rarement rencontré chez d'autres animaux une telle réserve à afficher sa souffrance profonde.

Les chevaux, par exemple, dont la grande carcasse est plus fragile qu'il n'y paraît, se couchent facilement et expriment leur mal en s'agitant, en geignant.

Les chats, je n'en doute pas, dissimulent tout autant que les chiens, mais je dirai que le mystère fait plus volontiers partie de leur nature. Ils ont aussi un plus grand besoin d'indépendance, de solitude, comme en témoignent leurs escapades prolongées dès que l'occasion leur en est offerte...

Le soir, Mabrouk et moi avons regardé la télévision. Car il est un téléspectateur attentif.

Dès qu'un chien ou un chat apparaît sur l'écran, il s'approche et aboie. Il en fait de même pour les chevaux, malheureusement, ce qui me vaut pendant les westerns de véritables concerts !

Lorsqu'il se trouve dans le jardin et entend le générique de « Trente Millions d'amis », aussitôt il s'élance pour venir me rejoindre et regarder l'émission à mes côtés.

Je sais qu'il n'est pas seul dans son cas : de nombreuses lettres nous indiquent que des chiens et des chats sont nos téléspectateurs attentifs, ce qui accroît encore notre audience...! C'est à l'intention des chiens que j'ai spécialement enregistré les différents sifflements d'appel que l'on entend au cours du générique.

Il faudra qu'un jour je fasse introduire dans la bande-son des miaulements de chatte amoureuse, nul doute que les matous seront irrésistiblement attirés. Dans la salle de visionnage des émissions, à Levallois, Mabrouk se place devant une grande glace où se reflète l'écran et donne de la voix dès qu'il voit un animal. J'ai pu vérifier qu'il réagit aux images, car si je coupe le son, il aboie tout de même.

Mais il est également très sensible aux bruits : quand je passe sur mon magnétoscope le film *Le Professionnel*, avec Belmondo, on entend dès les premières images, qui se déroulent en Afrique, d'intenses bourdonnements de mouches. Aussitôt, Mabrouk pointe les oreilles, se lève, fonce vers le récepteur et cherche à proximité où peuvent se trouver les mouches. Plusieurs fois, pour le taquiner, j'ai remis le début de film et immanquablement, il a repris ses recherches, avec cet air sérieux, préoccupé, qu'adoptent les chiens dans leurs moindres activités, même quand il s'agit de jouer.

La télévision éteinte, j'ai un peu travaillé, puis nous sommes sortis.

Après la fermeture des volets, nous avons fait notre promenade traditionnelle dans le jardin. C'est un de nos moments privilégiés. La campagne dort, les lumières sont éteintes, le silence règne.

J'ai parlé, je lui ai parlé de tout et de rien. Et puis, respectant notre rituel, il s'est couché sur le dos, dans l'herbe, ventre en l'air. Je l'ai caressé, il était heureux. Ensuite, il s'est étendu sur le côté, je lui ai empoigné doucement le museau.

— Alors, pépère, ça a l'air d'aller, maintenant ? Tu sais qu'il ne faut plus me faire peur comme ça...

Je lui ai massé la colonne vertébrale.

— C'est ici que tu as mal, hein, pauvre vieux... oui, je sais...

Je me suis redressé et il s'est remis sur ses quatre pattes, s'est dirigé vers la maison. Un dernier rite restait à accomplir.

J'ai fait claquer mes doigts deux fois.

Il a stoppé en pleine course, est revenu s'asseoir à mes côtés et m'a tendu la patte.

— Tu es un bon chien ! Maintenant, on va se coucher.

Quand par hasard j'oublie d'accomplir ce geste, il atteint le perron, puis se retourne et me regarde. Tout dans son attitude me dit : « Eh! Qu'est-ce qui se passe ce soir ? Alors tu ne claques pas des doigts pour que je revienne ? » Là encore, il a cet air concentré, sérieux, qui m'émeut et m'amuse tant. Je m'empresse de claquer des doigts, un peu fautif, et tout rentre dans l'ordre.

Ce soir-là, les choses se sont passées selon les règles et nous nous sommes quittés au bas de l'escalier.

En montant les marches, je pensais que tout allait bien, qu'il me fallait chasser mes idées noires.

Pas facile...

L'amour que je porte à mon chien m'entraîne à me faire de grandes peurs. La nuit, souvent, avant de m'endormir, j'imagine que je suis malade, hospitalisé... et alors je pense à Mab : bien sûr, il serait chez des amis, mais sans aucune modestie, je suis sûr qu'il serait malheureux.

Dans ces pensées d'avant sommeil, je le vois arriver, en laisse, à l'hôpital, ayant eu le droit exceptionnel de me rendre visite. Il me fait la fête, ayant retrouvé son « maître-copain », il me regarde, les yeux compréhensifs, bons, gentils, merveilleux, et puis il lui faut partir : que se passe-t-il alors dans sa tête ? Je me dis qu'il ne comprend pas pourquoi il ne peut rester auprès du lit, pourquoi il doit me quitter.

Grâce à Dieu, le sommeil vient me délivrer de ces affres... mais pour mieux me plonger dans un cauchemar, toujours le même. Mab a disparu et je le cherche partout, à certains moments, dans des rues inconnues, je vois dix, cent chiens, toujours des bergers allemands... Affolé, je cours de l'un à l'autre, criant : « Mabrouk, c'est toi ? » Tous lui ressemblent... à un détail près, que je ne découvre qu'au dernier moment, quand j'étais enfin sûr d'avoir retrouvé mon compagnon...

Et c'est au plus profond de mon désespoir que le radio-réveil me fait revenir à la vie.

Sautant du lit, combien de fois me suis-je précipité à la cuisine pour embrasser comme un fou mon gros toutou,

MORT D'UN AMI

qui ne comprenait rien à cette exubérance matinale et semblait me dire d'un mini-coup-de-langue-express : « Eh, qu'as-tu ce matin ? Calme-toi, moi aussi je suis content de te voir, mais nous avons l'habitude d'être plus réservés ! »

Calme-toi... eh oui, comme ils nous calment, nous divertissent, nous font oublier les problèmes, les misères, nos chiens ! S'ils ne faisaient que cela, ils nous auraient déjà beaucoup donné, ces bêtes qui nous apprennent le sens du relatif, du dérisoire, de l'absurde, de l'essentiel...

Une vie de chien ? L'expression est aussi fausse aujourd'hui (pour la plupart de ces animaux) que l'injure « chienne », que l'on ose encore adresser à certaines femmes alors que nous connaissons tous des actes de fidélité à toute épreuve de femelles envers le mâle auquel elles se sont attachées.

Une vie de chien, c'est pour une majorité d'entre eux (pas pour ceux de la S.P.A. bien sûr) : manger, dormir, jouer, dormir, observer, dormir, dormir, dormir...

Ah, combien de fois dans mon bureau, après le déjeuner, en voyant Mab s'étirer longuement, voluptueusement sur la moquette, chercher la position la plus confortable, et doucement fermer les yeux, combien de fois n'ai-je pas eu envie, moi aussi, de faire une sieste ?

Parfois, penché sur un dossier complexe, j'entends soudain des petits cris de chiot. Je lève la tête et je vois le « chiot » : une masse de muscles et de poils qui tressaille nerveusement en poussant des jappements. Mon chien rêve, plongé dans un sommeil profond.

D'une voix douce, j'appelle : « Mabrouk... tu rêves ? Tu rêves à quoi, mon chien ? » Les tressaillements s'arrêtent alors, Mab ouvre à demi un œil, me regarde d'un air un peu absent, pousse un grand soupir et repart... repart pour quels songes ? A quoi peut rêver un chien : à un plantureux repas... des centaines d'os, des kilos de viande, des pots de confiture, ou bien à une jolie petite bergère aperçue la veille ?

MABROUK, CHIEN D'UNE VIE

Qui le saura jamais ?

Je pourrais noircir des pages et des pages de ces moments sans importance qui emplissent nos deux vies, qui ne font rire que moi.

Ainsi, en été, lorsque nous sommes dans l'appartement, Mabrouk dort sur la terrasse et l'escalier qui y conduit est fermé par une petite porte.

Un matin, j'ai voulu, comme d'habitude, monter l'escalier pour aller dire bonjour à mon chien. A peine avais-je ouvert la porte qu'une masse dévalait à mes pieds. Transgressant — un peu — les ordres de rester sur la terrasse, Mabrouk était descendu se placer contre la porte... et le pauvre s'était endormi, si profondément qu'il ne m'avait pas entendu ! Le voir tomber comme cela m'a surpris, puis fait éclater de rire...

Lorsque je suis dans la salle de bains, il n'entre jamais, sans que pourtant je lui en aie jamais vraiment donné l'interdiction, mais reste à la porte, passe la tête et m'observe. Quand je me lave les dents ou que je me rase, je rencontre tous les matins dans la glace son regard étonné, sérieux, intéressé.

Il m'observe aussi pendant mon bain, avançant un peu plus la tête pour mieux me voir, se reculant pour ne pas être aspergé au moment où je sors de l'eau. Comme mes comportements doivent lui paraître mystérieux... et quelque peu incongrus, peut-être.

Tous ces instants sont ceux qui comptent le plus pour moi, ceux dont je me souviens à chaque instant aujourd'hui, qui sont faits de riens et me laissent si triste.

Le lendemain matin, Mabrouk m'attendait au bas de l'escalier.

Nous sommes allés faire une courte promenade puis j'ai pris mon petit déjeuner. C'est le seul repas où Mabrouk a le droit de rester à côté de moi. Je lui donne même un bout de pain beurré, qu'il mange avec une apparente satisfaction — je crois bien que c'est pour me faire plaisir, car j'ai toujours soupçonné qu'il n'en raffolait pas mais tenait à me montrer qu'il appréciait cette faveur.

Pendant les autres repas (sauf au restaurant, où il se couche à mes pieds) Mabrouk ne s'approche pas de la table et, bien entendu, ne mendie pas la moindre nourriture.

Plus tard, dans la matinée, je suis allé ouvrir l'enclos des poules.

Habituellement, pour rien au monde, il ne me laisserait y aller seul.

Mais cette fois il a fait quelques mètres derrière moi, s'est assis et m'a regardé me diriger vers le poulailler.

Mon cœur s'est serré. Après avoir libéré les poules, je suis retourné vers la maison. Quand je suis arrivé à sa hauteur, il s'est levé, m'a suivi et s'est étendu très vite sur la pelouse.

Je suis monté au premier étage et, par la fenêtre de la salle de bains, je l'ai regardé.

Il ne bougeait pas. Sa poitrine se soulevait doucement.

Mon chien va me quitter, mon chien va mourir...

Cette pensée m'a brusquement envahi.

J'ai tenté de réagir.

Il fallait que je pense à autre chose, il le fallait absolument... à mon travail, à mes responsabilités, à n'importe quoi d'autre...

Dans l'après-midi, je devais me rendre aux studios de Levallois pour visionner certains reportages.

Lorsque, deux heures plus tard, j'ai passé son collier à Mabrouk, il était heureux, il avait soudain retrouvé toute sa vitalité. Nous allions partir...

La voiture roulait vers Paris.

Mabrouk était à l'arrière, assis sur le tapis de sol. Parfois, il passait son museau entre les deux sièges avant et je le caressais.

Il était quatorze heures trente quand nous sommes arrivés devant les studios de télévision de la rue de la Gare, à Levallois-Perret.

Je suis descendu. J'ai ouvert la portière arrière et Mabrouk a sauté sur le trottoir.

Quelques membres de l'équipe de « Trente Millions d'amis » attendaient devant le portail des studios.

Soudain, l'une des monteuses de l'émission s'est écriée :

— Mabrouk saigne !

En effet, du sang coulait de sa narine droite, très fort, jamais il n'avait coulé aussi fort.

Le chien tentait de lécher son sang, des gouttes tombaient sur le trottoir. Puis il a secoué la tête et une traînée rouge a maculé le mur.

L'affolement et la peur m'ont gagné à nouveau. Je lui ai levé la tête en lui disant de rester assis, de ne pas bouger.

Ma collaboratrice a couru chez le pharmacien, m'a rapporté un paquet de coton et une ampoule d'hémostatique.

J'ai pressé des tampons contre le nez du chien, mais ils rougissaient, rougissaient...

Tant bien que mal, j'ai cassé l'ampoule d'hémostatique et en ai versé le contenu dans la narine de Mabrouk.

Je faisais un effort énorme pour maîtriser le tremblement de mes mains. Mon chien ne bougeait pas, restait calme, me laissait faire...

Le coton s'imbibait toujours de sang, le paquet s'usait.

Il fallait un vétérinaire, de toute urgence.

Le Dr Landel, qui s'était jusqu'ici occupé de Mabrouk, était à Maisons-Alfort. C'était loin, trop loin, et je n'étais pas sûr de pouvoir le joindre facilement.

Ma collaboratrice a appelé la clinique du Dr Klein. Michel Klein n'avait jamais soigné Mabrouk, mais c'était un ami, qui avait déjà plusieurs fois collaboré à « Trente Millions d'amis ».

Par chance il était là.

On me l'a passé au téléphone.

— Mabrouk saigne très fort d'une narine et ça ne s'arrête pas... ça s'est déjà produit il y a trois jours.

— Amène-le-moi.

Je suis monté à l'arrière de la voiture avec Mabrouk et ma collaboratrice a pris le volant. Il fallait faire vite, très vite...

Tandis qu'elle se faufilait dans la circulation, brûlant les feux rouges, passant à gauche des plots lumineux, je tenais la tête de mon chien en l'air, un coton collé contre les narines. Je lui répétais de ne pas bouger. Il m'obéissait. Le sang continuait de couler. Mabrouk déglutissait beaucoup.

Enfin, nous sommes arrivés à la clinique.

Les portes de verre ont coulissé, nous sommes passés devant le comptoir où la réceptionniste répondait aux appels téléphoniques, avons traversé la salle d'attente occupée par les clients et leurs animaux. Deux jeunes vétérinaires en blouse blanche discutaient.

L'entrée dans cet univers spécialisé m'a réconforté.

Klein est venu m'accueillir et m'a guidé jusqu'à la salle de soins.

— Mettons-le sur la table, a-t-il dit.

J'ai soulevé Mabrouk, qui regardait autour de lui d'un air inquiet, et l'ai déposé sur la surface d'aluminium.

Klein lui a fait une piqûre d'hémostatique. Les saignements de Mabrouk ne semblaient pas l'impressionner.

Je l'ai interrogé :

— D'où peut venir cette hémorragie, d'après toi ?

— Oh, elle peut avoir différentes causes. Cela peut être un coup de chaleur, ou un polype dans le nez, ou encore la rupture d'un vaisseau. Ce qu'il faut d'abord, c'est arrêter le saignement.

A l'aide d'une pince spéciale, il a fait pénétrer une mèche de coton dans la narine afin de comprimer le vaisseau qui avait sans doute éclaté. Ses assistants tenaient Mabrouk. Moi aussi, je le tenais. Je lui disais de ne pas bouger. Les chiens sont très sensibles du museau, mais il est resté immobile. Pourtant, il devait avoir mal.

Quand la mèche a été profondément enfoncée, un petit bout en dépassait.

Après quelques secondes, lentement, le coton s'est imbibé et des gouttes de sang sont tombées régulièrement sur l'aluminium de la table.

— La mèche n'a pas été placée assez profond, a dit Klein. On va lui en mettre une autre.

Il a retiré le ruban sanguinolent et la pince a de nouveau pénétré dans la narine avec une autre mèche, qu'elle a enfoncé plus loin. Cette fois encore, Mabrouk s'est laissé faire avec bonne volonté.

Je lui parlais doucement à l'oreille : « C'est bien, mon chien, tu es courageux... ça va être bientôt fini, ne t'en fais pas... »

— Depuis le début de l'hémorragie, il a perdu beaucoup de sang ? m'a demandé Klein.

Je ne savais pas trop, j'ai tenté d'évaluer... peut-être un quart de litre, peut-être plus, peut-être moins, comment savoir ?

L'extrémité de la nouvelle mèche a commencé à rougir.

— Le problème, a poursuivi Klein, c'est que je n'ai plus qu'un paquet de sang de 250 grammes.

— Tu penses... que tu risques d'en avoir besoin ? Et en plus grande quantité ?

— Pas forcément, mais on ne sait jamais. S'il y a une transfusion à faire, ça peut être un peu juste.

Des gouttes commençaient à tomber de nouveau, mais plus petites et à un rythme moins rapide.

— On dirait que ça s'arrange, a dit Klein.

Je l'ai observé.

Il paraissait calme. Pourtant, j'ai eu l'impression qu'il

était un peu préoccupé. Les choses ne devaient sans doute pas se passer aussi bien qu'il l'aurait voulu.

J'ai dit :

— Bon, pour cette histoire de sang, où en trouve-t-on ?

— A l'Institut Mérieux. Je vais envoyer l'un de mes assistants tout de suite, car ils ferment à seize heures trente.

— Je vais m'en occuper. Quelle quantité te faut-il ?

— Avec deux paquets, ça ira, en plus de celui qu'on a ici.

J'avais besoin de faire quelque chose, d'agir concrètement, même d'une façon anodine, pour participer, aider moi aussi à soigner Mabrouk.

Dans le hall, j'ai téléphoné à mon bureau pour que le coursier se rende le plus vite possible à l'Institut Mérieux afin de prendre le sang nécessaire et l'apporter à la clinique.

Quand je suis revenu dans la salle de soins, l'écoulement s'était presque tari.

— Bon, maintenant, on va le laisser se reposer un peu, a décidé Klein. Ne t'inquiète pas, après ça, il devrait aller mieux.

J'ai descendu Mabrouk de la table et l'ai conduit dans une petite pièce attenante.

Il s'est couché sur le sol et a fermé les yeux.

J'ai pris une chaise et me suis assis à côté de lui. Mon regard ne pouvait se détacher de la mèche de coton qui dépassait de sa narine.

Une goutte de sang se formait à son extrémité, restait en suspens de longues secondes, puis tombait sur le sol. Une autre apparaissait lentement. La cadence me semblait de plus en plus lente, mais peut-être voulais-je m'en persuader ?

On entendait des allées et venues dans la clinique, quelques aboiements de chiens en provenance des cages de l'animalerie.

Oui, Klein avait raison, cela s'arrangeait. Bientôt, sans doute, l'écoulement cesserait. Mais alors pourquoi avait-il parlé de transfusion ? Bah, par mesure de précaution, sans plus...

Néanmoins, j'aurais voulu que le coursier soit déjà arrivé avec le sang afin que les conditions maximales de sécurité soient réunies.

Mabrouk dormait.

De temps en temps, il poussait un petit grognement. Peut-être rêvait-il qu'il était en train de courir dans la campagne, loin de cette prison où l'on était en train de le faire souffrir...

Vers quatre heures, un assistant de Klein est venu m'annoncer que le sang était arrivé et j'ai pensé : « Maintenant, nous sommes parés. »

Peu de temps après, on m'a demandé au téléphone.

Quand je me suis dirigé vers la porte, Mabrouk a soudain ouvert les yeux et s'est levé pour me suivre.

Je lui ai dit de ne pas bouger, que j'allais revenir. Il m'a regardé partir d'un œil inquiet.

Au bout du fil, ma collaboratrice, qui s'était rendue au bureau en taxi, m'a fait part de divers problèmes à résoudre, pour lesquels on avait besoin de moi.

Je suis retourné dans la petite pièce.

Mabrouk était debout et semblait en meilleure forme. Je lui ai dit d'être sage, de m'attendre, et je suis ressorti.

Je suis allé voir Klein, qui opérait un chat. Assisté par son équipe, ses lunettes à monture d'acier sur le bout du nez, il maniait scalpels et pinces avec dextérité. Sous la lumière violente, entourée des champs opératoires, la chair était rouge de sang...

— Je vais faire un saut au bureau, l'ai-je prévenu. Je reviens dès que possible. Surtout, préviens-moi s'il se passe quelque chose.

— D'accord. Laisse ton chien se reposer, mes assistants vont le surveiller.

Au bureau, j'ai réglé des affaires, signé des papiers. J'avais l'esprit ailleurs. Tous les gens de l'équipe sont venus me demander des nouvelles de Mabrouk. Je répondais, en affichant un optimisme un peu forcé : « Ça va mieux, tout va s'arranger... »

Vers six heures, j'ai téléphoné à la clinique.

— Mabrouk est tranquille, il n'y a pas de problèmes, m'a assuré une secrétaire.

J'ai tout de même décidé de repartir au plus vite.

A mon arrivée dans la petite pièce, Mabrouk a bondi de joie et s'est précipité sur moi, posant ses pattes sur ma poitrine, me léchant le visage, un peu pitoyable avec cette mèche qui lui sortait des narines. Il semblait vouloir me dire : « Tu vois, je vais bien, tu n'as plus à t'inquiéter... »

— Ça a l'air d'aller, a commenté Klein, qui m'avait suivi. Mais il faudra tout de même qu'on fasse des analyses, pour voir d'un peu plus près d'où vient tout ça.

— J'ai envie de le sortir pour lui faire faire une promenade, qu'est-ce que tu en penses ?

— Permission accordée.

Mabrouk et moi sommes sortis de la clinique. Celle-ci se trouve à proximité du pont de Grenelle, dans un quartier aux immeubles ultra-modernes donnant une impression futuriste. En longeant la Seine, nous avons trouvé un terre-plein planté d'une pelouse où nous nous sommes promenés. La nuit commençait à tomber. Mabrouk avait l'air bien, peut-être un peu éteint.

Je marchais à ses côtés en m'obligeant à penser que tout allait bien désormais, que nous allions encore faire ensemble des milliers de promenades côte à côte...

Parfois, quand il m'arrive à présent de passer devant ce terre-plein, le souvenir de cette promenade s'impose brutalement, douloureusement à ma mémoire.

Cette promenade, j'ignorais qu'elle serait la dernière...

Sur le chemin du retour, je me suis aperçu que le sang

recommençait à couler. Heureusement, nous étions presque arrivés.

— Ça commence à être embêtant, a commenté Klein en voyant le sang.

Une sorte de fureur, mêlée de découragement, s'est emparée de moi : ce n'était pas possible, ça n'allait pas recommencer !

Nous avons de nouveau monté Mabrouk sur la table d'aluminium.

On lui a fait plusieurs piqûres pour renforcer sa coagulation et le soutenir. Puis de nouveau, la mèche sanguinolente a été enlevée, pour être remplacée par une autre plus épaisse, enfoncée plus profond encore...

L'hémorragie s'est ralentie.

Je suis reparti avec Mabrouk dans la petite pièce, et bientôt j'ai constaté avec soulagement que le sang ne coulait plus.

Klein est venu me retrouver quelques minutes plus tard. Gentiment, il m'a demandé si j'avais besoin de quelque chose, si je n'avais pas faim.

Je n'avais pas le cœur à ça...

— Viens tout de même boire un verre, m'a-t-il proposé.

Nous sommes retournés dans la salle de soins, où, sur une étagère, il avait posé une bouteille de bordeaux. Il a empli deux verres.

Par la porte ouverte, je surveillais Mabrouk.

Il était agité et ne tenait pas en place. Pendant quelques secondes, il restait couché, la tête entre les pattes, puis se relevait pour aller s'étendre de nouveau allant d'un côté de la pièce à l'autre.

Klein aussi le suivait des yeux.

J'ai suggéré :

— Peut-être a-t-il faim. J'ai sa viande, dans la voiture, je peux la lui donner, qu'est-ce que tu en penses ?

— Bien sûr, pourquoi pas ?

Je suis allé chercher le paquet de nourriture et on l'a fait poêler (Klein n'est pas un chaud partisan de la viande crue et pense qu'il faut la cuire un peu pour tuer les microbes).

Mabrouk a mangé son repas de bon appétit. Moi, j'étais content : un chien qui mange bien n'a sûrement pas une maladie grave...

Il était déjà dix heures et demie du soir. Les bruits de la clinique s'étaient atténués. Il ne restait plus dans les locaux que les vétérinaires et le personnel de garde.

J'ai interrogé Klein :

— Qu'est-ce que je fais ? Je l'emmène avec moi ?

— Non, je préfère qu'il reste ici se reposer. Tu peux rentrer chez toi, une assistante le surveillera. Tu peux avoir confiance.

— Je sais, mais j'aime mieux ne pas le quitter. Il sera trop inquiet, si je l'abandonne longtemps.

— Comme tu voudras. Moi, il faut que je parte, j'ai une bête à soigner à l'extérieur.

Je suis resté seul avec Mabrouk, moi assis sur une chaise et lui dormant allongé contre le mur.

Il semblait calme, à nouveau.

Minuit.

Mabrouk se lève et vient poser son menton sur mes genoux. Il me regarde, déglutit un peu, puis va se recoucher dans son coin. Il semble avoir un peu de mal à respirer, mais c'est sans doute la mèche qui le gêne.

Il se lève de nouveau, vient vers moi. On dirait que son agitation de tout à l'heure l'a repris.

— Mab, reste tranquille... couche-toi, il faut te reposer.

Il m'obéit et je vais le caresser pour lui montrer que je suis content de lui. Content et un peu admiratif aussi. Il tient le coup, mon costaud. Quel humain supporterait sans se plaindre ce traitement auquel il est soumis depuis des heures ?

Je continue de le caresser doucement.

Est-ce qu'il a mal ? Ce qu'il y a de terrible avec les animaux que l'on aime, c'est qu'on est à la fois très proches d'eux et terriblement séparés. Ils ne peuvent nous communiquer la nature et le degré de leur souffrance.

Cette même situation d'incommunicabilité pathétique se retrouve avec les tout jeunes enfants, qui ne peuvent exprimer leur mal. Nous devons interpréter les signes qu'ils nous adressent, en nous fiant à notre instinct.

Innocents, enfants et animaux se livrent à nous, nous

demandent tout en même temps qu'ils nous donnent tout d'eux-mêmes.

Mais les réactions de la société humaine ne sont pas les mêmes face à ces deux innocences.

Un enfant abandonné sur le bord d'une route sera immédiatement secouru, des gens compétents le prendront en charge, contacteront sa famille. Les rouages bien huilés de la machine sociale fonctionneront à plein régime.

Un animal abandonné, lui, est seul au monde. Combien seront ceux qui s'arrêteront pour le recueillir ? S'il a de la chance, s'il rencontre un automobiliste compatissant, celui-ci le remettra à un refuge de la S.P.A. Il en fera alors un mort en sursis : après quatre jours, s'il ne porte sur lui aucune identification, huit s'il possède un collier ou un tatouage et que le maître ne s'est pas manifesté, l'animal sera piqué — du moins si tous les règlements sont respectés, ce qui n'est heureusement pas toujours le cas.

Étrange société que la nôtre, qui profitant des animaux, à la fois sentimentalement par l'échange d'affection, et matériellement (voir les immenses bénéfices réalisés avec les aliments pour chiens ou chats) les assassine en même temps sans vergogne dès qu'ils lui posent une difficulté...

Je vais me rasseoir. Mon estomac est douloureux. Depuis midi, je n'ai rien mangé et la tête me tourne un peu. Il faut que j'avale quelque chose, quelque part dans le quartier. Mais je ne veux pas laisser Mabrouk trop longtemps seul. Je vais d'abord aller repérer un snack ou un café, puis je viendrai le chercher. Oui, ce sera la meilleure solution.

Pour qu'il ne se sente pas abandonné pendant mon absence, il faudrait que je lui laisse un objet à moi, imprégné de mon odeur. Je vais à la voiture et prends le bracelet de tissu-éponge que je mets pour jouer au tennis. C'est exactement ce qu'il faut.

Je reviens auprès de Mab et je le lui passe autour de la patte avant droite.

— Bon, maintenant tu vas rester ici, moi je reviens tout de suite. Ne t'inquiète pas, reste sage.

Il me regarde partir avec cet air de reproche et de désarroi qu'ont tous les chiens quand on se sépare d'eux, et il y a cette mèche... je ne vois qu'elle...

Je referme la porte et traverse la clinique déserte.

Après avoir prévenu la réceptionniste de ma courte absence, je sors dans la nuit.

Le quartier est bardé d'enseignes lumineuses, mais les rues sont désertes.

Je fais quelques pas, pénètre dans une galerie marchande, prends un ascenseur. Tout est fermé.

Je marche au hasard. Des bribes de musique m'attirent. C'est un restaurant. Je jette un coup d'œil. Des gens dansent. Ça ne me paraît pas l'endroit idéal pour y amener Mabrouk...

Je retourne à la clinique. Le mieux est de prendre le chien dans la voiture et de trouver quelque chose de calme, un peu plus loin.

J'appuie sur le bouton de la porte d'entrée...

Anne G..., une jeune vétérinaire de garde, descend du premier étage et m'ouvre les portes de verre.

Je l'informe de mon intention d'emmener Mabrouk avec moi.

Quand je le retrouve, il se lève, vient vers moi, manifeste son soulagement et sa joie de me voir réapparaître.

— Allez, viens, pépère, on va faire un peu la fête, tous les deux.

Nous sortons.

On se dirige vers la voiture...

... Et soudain, du sang sort avec violence de sa narine, coule sur le trottoir...

— Merde !

Je viens de crier de rage, de désespoir. C'est de ma faute ! Qu'est-ce qui m'a pris ? Il ne saignait plus et il a fallu que je lui fasse faire des efforts !

Nous rentrons dans la clinique.

— Où est Klein ? Il faut joindre Klein, Mabrouk saigne très fort !

La jeune vétérinaire prévient la secrétaire de garde.

Celle-ci, après plusieurs appels infructueux, réussit à joindre le praticien.

Elle me le passe.

Je crie presque dans le combiné :

— Mabrouk est en train de perdre son sang, l'hémorragie est très forte !

— Alors il faut le transfuser tout de suite. Dis à mon assistante de commencer.

Une fois encore, nous plaçons Mabrouk sur la table de soins.

La jeune femme suspend la poche de plastique emplie de sang, plante l'aiguille de la perfusion dans la patte avant gauche de Mabrouk, la fixe avec du sparadrap, règle l'écoulement.

J'observe les gouttes qui se succèdent dans le tube, celles qui tombent de la mèche de coton rougie sur le métal de la table.

La cadence est presque la même.

J'ai l'impression que mon chien se vide de son sang en même temps qu'il en reçoit...

Cela ne va jamais finir !

Mabrouk ne bouge pas. Il reste calme.

Le sac de sang est vide.

L'hémorragie est toujours aussi forte.

Anne G... attend un peu, puis fixe une seconde poche de sang.

De nouveau, le liquide rouge circule dans le tube de plastique.

Une demi-heure se passe. Le deuxième sac est vide.

Mabrouk saigne toujours.

On attend un peu, comme pour la première fois. J'ai envie de poser des questions à la jeune vétérinaire, mais à quoi bon ? Elle ne m'en apprendra pas plus que tout ce qu'on m'a dit jusqu'ici.

Klein arrive enfin. Il est plus d'une heure du matin.

Il examine Mabrouk.

— Il est blanc, dit-il.

J'observe le museau de mon chien. C'est vrai qu'il est pâle. Qu'est-ce que cela signifie ?

— On va faire une autre transfusion, décide Klein, mais avant il faut fixer une nouvelle mèche, pour comprimer cet écoulement à tout prix.

Encore une fois, il ôte le coton sanglant, en fait pénétrer un nouveau dans la narine avec une pince. Et moi je tiens mon chien par le cou, je lui murmure à l'oreille :

— Ne bouge pas, n'aie pas peur... C'est pour ton bien qu'on te fait tout ça, pour te guérir...

Il souffle, il a de la peine à respirer, Mab, mais dès que la nouvelle mèche est placée, l'écoulement s'atténue.

Ensuite, c'est la transfusion.

Je calcule : Il restait un paquet de sang à la clinique quand nous sommes arrivés, le coursier en a apporté deux, cela fait trois. Et on est en train de vider le troisième. Que se passera-t-il *ensuite* ? Où pourra-t-on trouver du sang si on en a besoin, alors qu'il est plus d'une heure du matin ?

J'observe Klein.

Il a l'air vraiment soucieux, cette fois.

Je lui demande :

— D'où est-ce que ça vient ? Qu'est-ce que ça peut être ?

— Je ne sais pas. Demain, on fera des examens. En tout cas, ce n'est plus normal que cela continue de saigner comme ça. Si c'était un simple claquage de veine ou d'artère, ça serait fini. Il y a autre chose.

La transfusion est terminée.

Je prends Mabrouk dans les bras, le descend.

Il va s'étendre sur le sol dans un coin de la pièce.

Klein lui a prélevé un peu de sang. Il en pose une goutte sur une plaquette de verre, regarde son chronomètre.

— Ça ne coagule pas vite, malgré les transfusions et les hémostatiques, constate-t-il.

— Qu'est-ce que tu vas faire ?

— Attendre encore. On peut aussi, éventuellement, envisager de l'ouvrir...

— Tu veux dire... l'opérer ?

— Oui, pour voir ce qui se passe exactement dans son museau.

— Écoute, j'ai pensé à une chose : on pourrait peut-être faire venir le Dr Landel. Il est son vétérinaire traitant, il pourrait peut-être te donner un coup de main, te fournir des informations...

J'ai un peu hésité avant de faire cette proposition, et puis j'ai songé que Klein n'était pas le genre d'homme à avoir des problèmes de susceptibilité quand il s'agissait de traiter un animal.

Je ne me suis pas trompé.

— D'accord, dit-il, tu as raison.

Il appelle son confrère au téléphone.

— Allô, Landel ? Excuse-moi de te déranger, c'est Klein. J'ai Mabrouk ici et on a un problème d'hémorragie assez embêtant. Jean-Pierre Hutin aimerait bien que tu viennes, si cela t'est possible... Très bien, d'accord.

Il raccroche.

— Landel va venir.

Cette idée que l'équipe va s'étoffer me redonne un peu de tonus.

Le sang coule toujours de la narine de Mabrouk, mais

lentement, rien de comparable avec le flot de tout à l'heure.

Je m'accroche à cette petite amélioration pour ne pas sombrer complètement dans l'angoisse, mais les questions se pressent dans ma tête : qu'est-ce qu'il a, mon chien ? Qu'est-ce qui nous arrive ?

Nous... C'est vrai qu'entre Mabrouk et moi, il y a quelque chose d'exceptionnel, un lien mystérieux et puissant.

Rien, pourtant, ne me prédisposait à connaître un jour cette aventure rare.

Pendant une bonne partie de mon existence, j'ai pratiquement vécu sans animaux.

Je n'aurais jamais pensé que l'un d'eux occuperait un jour une telle place dans ma vie...

Dans mon enfance, il y a eu très peu d'animaux autour de moi, peut-être parce que j'ai grandi dans un climat particulier. Les changements de lieux, les soldats, la guerre, la conscience d'un environnement hostile, voilà ce qui a caractérisé mes premières années. J'ai été pourtant un enfant heureux mais toujours un peu étranger, car ma famille, qui se déplaçait souvent, n'avait pas le temps de s'intégrer.

Cette précarité, dont je n'ai jamais eu réellement conscience tant que je l'ai vécue, n'a pas été sans laisser de traces. Il y a quelques années, quand j'ai acheté ma maison à la campagne, l'idée de posséder une tranche minuscule mais bien réelle de la France m'a semblé un privilège merveilleux. Si je creusais de plus en plus profond, ce serait toujours dans mon pays et toujours à moi... C'était un sentiment enfantin, bien sûr, j'essayais d'en rire, mais l'émotion que je ressentais montrait à l'évidence qu'il avait jailli du plus profond de moi.

Or Mabrouk était à l'origine de cette acquisition. Il m'avait stabilisé, ancré, à un moment où je ressentais sans doute le besoin de trouver des racines.

J'avais cru acheter cette maison pour lui, il me l'avait fait acheter aussi pour moi. Notre amour-échange avait fonctionné à merveille...

Je suis né à Alep, en Syrie, d'un père français et d'une mère italienne.

Mon père appartenait à une famille de grands commis de l'État. Lors de la Première Guerre mondiale, il s'engagea en 1917 en trichant sur son âge, afin d'en découdre au plus vite avec les Allemands et de rejoindre au front son père et son frère aîné.

Après l'armistice, comme il lui restait du temps à accomplir, on l'envoya en Syrie. Ce pays était alors, comme le Liban, sous mandat français. Papa fut incorporé dans l'armée du Levant, commandée par le général Gouraud.

A cette époque, notre armée combattait déjà sur deux fronts : d'un côté les Druzes partisans de l'indépendance du royaume de Syrie (déjà...), de l'autre les Turcs, anciens alliés des Allemands, qui n'avaient pas accepté leur défaite.

Après avoir passé la frontière de Syrie, mon père entra avec les troupes françaises en Cilicie, au sud de la Turquie, à la poursuite de Mustafa Kémal.

En juillet 1920, la colonne dont il faisait partie délivra la petite ville de Tarsous, assiégée par les Turcs. C'est sa section qui découvrit, après un combat assez meutrier, les braises encore chaudes du camp que venait d'occuper le futur Ataturk.

Mais quelque chose de plus important se déroula à Tarsous, si l'on en croit la chronique familiale : tandis qu'il faisait le coup de feu dans une rue, mon père aperçut

MORT D'UN AMI

une jeune fille brune qui, de sa fenêtre, observait les combats. Elle ne semblait aucunement effrayée par les balles qui sifflaient (deux d'entre elles, toujours selon la chronique familiale, s'étaient logées dans le plafond...).

Il cria à l'imprudente de se reculer, un long regard fut échangé... Et les choses en restèrent là, du moins ce jour-là.

Quelques années plus tard, mon père travaillait à Alep, où il était conducteur de travaux dans une entreprise de construction. Après sa démobilisation, il avait en effet choisi de rester dans la région. Il se lia d'amitié avec un Italien qui fournissait des vivres au chantier et dont le père avait été exilé de son pays, pour ses opinions garibaldiennes. Le Français fut apprécié par la famille, qui l'invita souvent.

Un jour, l'une des filles, Alexandrine, qui se destinait au Carmel et effectuait son noviciat à Haïfa, vint en vacances... et se trouva face à face avec le soldat qui l'avait interpellée lors de la bataille de Tarsous !

Ces retrouvailles romanesques connurent leur suite logique : comme dans un bon roman, Alexandrine et Marcel se plurent et décidèrent de se marier.

Mon père... Si j'essaie de l'évoquer tel qu'il était dans ma petite enfance, je vois un homme en casque colonial, culotte de cheval, leggins, et revolver à la ceinture. Je ne peux démêler si cette image provient de souvenirs directs ou de la vision de photos de famille qu'on m'a montrées par la suite.

Mais qu'importe, ce père était pour moi comme un aventurier, un héros de cinéma, ce qui après tout n'était pas tellement loin de la réalité.

Il construisait des routes et des ponts dans des contrées désertiques. Pour se rendre sur ces grands chantiers, on utilisait alors le cheval, plus commode que la voiture. Et à cette époque, des bandes de pillards ou de nationalistes druzes semaient la terreur. Il fallait donc se défendre les armes à la main.

Je me souviens aussi des histoires étonnantes qu'il nous racontait, à mon frère aîné et moi, lorsqu'il était à la maison.

Par exemple, qu'il était capable, en compagnie d'un père blanc de ses amis, de vider au cours d'une seule nuit deux bouteilles de raki et de manger soixante-dix œufs frits...

Il nous décrivait aussi sa vie dans le désert, en particulier dans l'un des points les plus chauds du monde, le bec de canard, où disait-il, « même la nuit l'atmosphère est si torride que nous dormons nus et que les *chaouch* (les serviteurs) posent sans cesse sur nos corps des draps mouillés qu'ils ont trempés dans des bacs emplis de pains de glace. Au bout de quelques minutes, les draps sont durs comme du bois et il faut de nouveau les changer »...

Et puis il y avait Atouno.

A bien y réfléchir, c'est le premier chien qui ait compté dans ma vie, quoique je ne l'aie jamais connu.

Mon père nous racontait les exploits de cet animal, un molosse que lui avait offert un chef de bande à qui il avait sauvé la vie. Atouno (pourquoi ce nom ? cela venait peut-être de *atini*, qui en arabe signifie : donne-moi), Atouno, donc, possédait une force peu commune au point qu'il était capable d'arrêter un fiacre lancé à pleine vitesse en refermant ses puissantes mâchoires sur le rayon d'une roue !

Ainsi s'est formée dans mon esprit l'image fabuleuse d'un animal doué d'une puissance et d'une intrépidité exceptionnelles.

Les chiens que je voyais, dans la réalité, étaient loin de correspondre à cette image : méprisés, ils erraient en bandes autour des villages et se nourrissaient d'ordures. Mais Atouno, lui, était une sorte d'individu-chien...

Le récit de sa mort me tirait toujours des larmes.

Écrasé par un camion, le noble animal s'était traîné, moribond, avait péniblement monté, en utilisant ses dernières forces, les marches de la maison qu'habitait mon père à cette époque (c'était avant son mariage) et s'était écroulé à ses pieds en rendant son dernier soupir...

Tous ces récits étaient pour le moins enjolivés, car destinés à nos jeunes oreilles.

Pendant ces nuits mémorables, mon père n'avait peut-être bu qu'une seule bouteille de raki et mangé qu'une douzaine d'œufs. Et dans le désert, fait changer ses draps une ou deux fois seulement...

Quant à Atouno, peut-être se contentait-il de courir après les fiacres en aboyant, comme le font beaucoup de chiens...

Qu'importe ! Ces récits excitaient mon imagination et berçaient mon enfance...

Notre famille quitta Alep pour Alexandrette (à présent Iskenderun), un port de la Méditerranée qui jouissait d'un statut particulier : bien que situé dans un *sandjak*, c'est-à-dire une province ottomane, il était administré comme un mandat français.

L'armée française était très présente, car la situation était tendue. Des partisans turcs descendaient de la montagne pour s'attaquer aux Européens. Ils étaient armés, racontait-on, d'alênes de cordonnier, de poignards. On craignait aussi un soulèvement de la population locale.

Mon frère et moi allions en classe chez les frères des écoles chrétiennes, et comme tous nos petits camarades français de la ville, nous avions droit à une bonne escorte.

Le matin, un tirailleur sénégalais venait nous chercher et nous accompagnait baïonnette au canon, jusqu'à la porte de l'institution.

Plus tard, à Paris, quand j'ai eu l'occasion d'aller chercher mes enfants à l'école, la vue du groupe des « mamans » discutant entre elles en attendant leurs bambins a fait resurgir devant mes yeux, de manière inattendue, les Sénégalais d'Alexandrette...

Bien sûr, j'avais parfois peur, à cette époque, mais les

souvenirs qui me restent sont surtout des moments de joie de vivre, des couleurs, des odeurs, des bruits. Je me souviens d'une immense plage où je me baignais, du soleil, de la chaleur, d'une grande maison fraîche où l'on pouvait faire du tricycle dans les couloirs larges et dallés.

Il y avait l'odeur âcre et épicée des souks, les rues étroites et bruyantes où l'on était sans cesse sollicité par les sucreries, des piles de gâteaux multicolores posés sur de grandes plaques de cuivre. Il y avait aussi des marchands de boissons qui se signalaient en faisant résonner de grandes cymbales. Le breuvage contenu dans une peau de chèvre avait un goût indéfinissable, de réglisse peut-être, qui me paraissait le plus désaltérant du monde.

Je me rappelle aussi les fêtes militaires. Les soldats qui me fascinaient le plus étaient les Tcherkesses, avec leurs bonnets de fourrure et leurs petits chevaux nerveux. Un régiment de ces Russes caucasiens qui semblaient venir d'un autre monde était intégré aux troupes françaises et commandé par le colonel Collet.

A toutes les revues du 14-Juillet, après que les légionnaires et les Sénégalais avaient défilé, sur le front de mer, le régiment tcherkesse chargeait au grand galop, pour s'immobiliser dans un nuage de sable et de poussière à quelques mètres de la tribune officielle.

Tel fut le dernier souvenir que je gardai d'Alexandrette...

Nous nous installâmes ensuite à Rayak (aujourd'hui Riaq) au Liban. C'était une importante base militaire où mon père devait participer à la construction du premier grand aéroport du Moyen-Orient. Rayak était un gros bourg agréable, assez semblable à Alexandrette.

L'été, nous nous rendions à la montagne pour y trouver la fraîcheur. Dans un petit village, Beilan, je jouais avec mon frère et mes cousins italiens. Des petits torrents glacés venaient se déverser dans les fontaines où l'on mettait à rafraîchir des pastèques et d'énormes pains de beurre que fabriquaient les prêtres de Chtora.

Nous avions des pigeons que papa aimait beaucoup. Lorsque toute la famille se rendait à la messe, les quarante pigeons nous accompagnaient jusqu'à la porte de l'église... et attendaient sur la place notre sortie. Ils revenaient avec nous à la maison, les uns en volant à notre hauteur, les autres tranquillement à pied...

Et puis il y eut la guerre.

Les écoles et les collèges fermèrent.

Après mille péripéties trop longues à rapporter ici, notre famille se retrouva à Oujda, au Maroc, où mon père travailla à la construction d'une ligne de chemin de fer reliant la Méditerranée au Niger — projet qui devait par la suite s'enliser dans les sables du désert...

C'est à Oujda que se situe la première incursion marquante des animaux dans le cercle familial.

Mon père les aimait beaucoup, les chiens en particulier, mais après le fameux Atouno, il n'en avait plus possédés, d'abord à cause de la vie itinérante qu'il devait mener, et surtout parce que ma mère ne les appréciait guère.

Un contremaître du chantier offrit à papa deux chatons de type européen (on disait alors « chats de gouttière »). Il les ramena à la maison et parvint à convaincre ma mère de les accepter.

Mon frère et moi avons beaucoup joué avec eux. Nous nous amusions à les faire se bagarrer, ravis d'observer leurs postures maladroites et drôles.

C'était la première fois que j'avais un contact direct avec un animal. L'idée ne me venait pas, pour autant, de demander que l'un de ces chatons fût à moi : ils appartenaient à la maison, à mes parents. J'étais en cela, je le crois, semblable à la plupart des enfants de ma génération.

De nos jours, les choses ont changé. Beaucoup de jeunes enfants désirent posséder un chien, un chat (voire une tortue ou un hamster...) dont ils s'occuperont et auront la responsabilité, ce que les parents et éducateurs trouvent fort légitime, souvent même bénéfique.

Les chatons grandirent. Il s'avéra qu'il y avait un mâle et une femelle. Le mâle disparut, quant à la femelle, une chatte noire...

Quelque chose se passa entre ma mère et elle.

Une antipathie, une haine véritable même.

Ma mère ne voulait pas que la *strega* — la sorcière (ainsi l'avait-elle surnommée) — pénètre dans la maison. Comme beaucoup d'habitants des pays méditerranéens, aussi bien ceux du Maghreb que de la péninsule Ibérique ou de l'Italie, elle n'appréciait guère les animaux familiers. Il faut monter vers le nord pour trouver des gens qui les aiment et s'y attachent vraiment.

De même qu'il y a des cartes du monde établies sous l'angle du relief ou de la population, il serait sans doute intéressant d'en dresser une représentant le degré d'affection de l'homme envers l'animal. Peut-être pourrait-on établir une corrélation entre cette affection et certaines données sociales ou morales.

Mais il faudrait alors se garder d'en tirer des conclusions trop hâtives. La déification du chat dans l'ancienne Égypte, par exemple, n'empêchait pas que la condition des esclaves y fût presque inhumaine. Une telle recherche n'en demeurerait pas moins passionnante et riche d'enseignements.

La *strega*, ma mère la chassait à coups de balai dès qu'elle la voyait dans la maison. Mais la chatte, maligne, intelligente, vicieuse même, lui tenait tête. On peut presque dire qu'elle la *persécutait*.

Elle surgissait soudain dans les endroits les plus inattendus et ma mère, qui était une femme très nerveuse, très émotive, hurlait alors de peur, puis débitait une litanie d'injures en italien tout en pourchassant cette chatte maudite.

Quand ma mère se trouvait dans la cuisine, la *strega* venait se cogner contre la porte, pour le plaisir de faire peur à son ennemie. Un autre de ses tours consistait à apparaître brusquement derrière une petite lucarne en donnant quelques coups de patte dans la vitre pour attirer l'attention de ma mère, qui ne pouvait s'empêcher de pousser un cri de saisissement devant cette apparition démoniaque. Ce conflit, cette rivalité entre les deux « femmes », dura jusqu'au jour où la *strega* disparut à tout jamais, pour le plus grand bonheur de son souffre-douleur.

Bien plus tard, quand mes parents habitèrent Paris, mon père eut un chat quelque temps, mais sur l'insistance de ma mère, il dut s'en séparer. Il acheta alors des poissons, animaux qui, selon lui, sont moins indifférents qu'on ne le croit.

Il affirmait que quand il prenait l'ascenseur pour monter à l'appartement, ses poissons savaient qu'il arrivait et se mettaient à tourner à toute vitesse dans leur aquarium. Comme nous étions sceptiques, il faisait jurer à ma jeune sœur qu'elle avait constaté le phénomène...

Peut-être est-ce à mon père que je dois cette affinité qui me lie aux animaux, bien qu'elle se soit révélée chez moi assez tard, sans doute à cause de l'influence de ma mère.

Deux heures du matin.

Je marche de long en large dans la salle de soins.

Mabrouk me suit des yeux. La mèche qui dépasse de sa narine est rouge, mais le sang ne coule pas.

Je lui adresse de temps en temps des paroles d'encouragement :

— C'est bien, tu es un bon chien... Tu tiens le coup, je suis content de toi, tu sais... Maintenant, tu vas voir, ça va aller mieux...

Landel ne devrait pas tarder.

Avec lui, Klein et la petite « véto », nous formerons une bonne équipe pour affronter le danger, le tirer de là...

Mabrouk se lève, fait quelques pas, s'allonge de nouveau, puis se relève.

— Qu'est-ce qu'il peut bien avoir ?

Une fois encore, je pose cette question qui m'obsède depuis des heures.

Klein fait un geste d'ignorance un peu las. Il ne sait pas...

... Ou alors, il sait et ne veut pas me le dire ?

Les médecins cachent bien la vérité aux malades, aux familles des malades, quand il n'y a plus d'espoir. Pourquoi les vétérinaires ne feraient-ils pas de même envers les maîtres des animaux qu'ils soignent ?

Ils savent bien que leur peine peut être aussi intense, bien que plus simple, plus directe, à l'image du lien qui les unissait à leur chien, à leur chat.

Mais je suis idiot de penser à la mort ! Mabrouk est solide, il a encore bien des années à vivre, à me donner de la joie. Bientôt dans « Trente Millions d'amis », on lui donnera d'autres « exploits » à réaliser et je suis sûr qu'il m'étonnera encore par son intelligence.

Et puis, il y a aussi ce projet avec José Giovanni de tourner une série de télévision dont Mabrouk serait la vedette, une sorte de Rin-tin-tin des temps modernes. Il faudra travailler cette idée, écrire des scénarios...

Enfin, le Dr Landel arrive.

Il examine Mabrouk et discute avec Klein. Échange de termes techniques sibyllins.

Puis il se tourne vers moi.

— Il ne faut pas vous inquiéter trop. Il est solide, il tiendra bien le coup. Demain matin, on lui fera des examens.

— Mais d'après vous, qu'est-ce qu'il peut avoir ?

— Il faut attendre les résultats de ses examens pour se prononcer, mais je vous le répète, c'est un chien solide.

— Tout de même, intervient Klein, je le trouve bien blanc. Il l'est moins que tout à l'heure, mais ça m'inquiète... Et je n'ai plus de sang en réserve. Si jamais il faut de nouveau le transfuser, je ne vois pas où je pourrais en trouver à cette heure-ci.

Landel se propose alors d'aller en chercher à l'école vétérinaire de Maisons-Alfort.

— Les laboratoires sont fermés, mais je pourrai en prélever sur trois ou quatre chiens qui sont nos donneurs habituels.

— Je t'accompagne, dit Klein, à deux ce sera plus facile.

J'interviens aussitôt :

— Et s'il arrive quelque chose à Mabrouk ? Je préférerais que tu restes ici...

Finalement, il est décidé que c'est Anne G... qui accompagnera Landel.

Ils partent tous deux.

Klein s'assoit, relève ses lunettes sur son front et passe la main sur son visage fatigué.

— Depuis ce matin, dit-il, j'ai pratiqué une bonne dizaine d'opérations. Cet après-midi, j'ai eu un chien qui avait la rate éclatée ; ça nous a donné du travail... Il faut d'ailleurs que j'aille voir comment il se porte. Tu m'accompagnes ?

Je regarde Mabrouk.

Il est calme.

Je lui dis doucement :

— Je reviens, mon chien, repose-toi.

Nous quittons la petite salle de soins.

Dans le couloir, le gros congélateur où est conservée la nourriture des animaux ronronne doucement. La porte de la salle d'opérations est ouverte. J'aperçois les six tables. Sur l'une d'entre elles, Mabrouk sera peut-être étendu demain « pour voir exactement ce qui se passe dans son museau », comme a dit Klein tout à l'heure. Je sais que mon chien sera en bonnes mains.

Non seulement Klein est un chirurgien de grande réputation, mais il a mis au point des systèmes d'anesthésie ultra-perfectionnés, parfaitement maîtrisés, qui font que, dès que l'opération est terminée, l'animal se réveille dans de bonnes conditions. En outre, le problème de l'asepsie de la salle est en partie révolu, selon une technique unique en Europe : un système de renouvellement continu de l'air par le plafond et le plancher évite que les germes bactéricides se déposent, si bien que Klein et son équipe peuvent opérer sans même porter de masques — protection assez imparfaite au demeurant, selon lui.

Nous pénétrons dans l'animalerie.

Deux rangées de cages vitrées se font face. Des chats, des chiens sont là, la plupart endormis, surveillés par une assistante. Un gros chien porte une sorte de large corolle de plastique autour du cou, pour éviter qu'il lèche sa plaie ou la gratte.

Sur le linoléum, au centre de la pièce, un boxer est étendu. Il nous regarde tristement, le corps entouré de bandages, puis ferme les yeux et semble se rendormir.

Klein discute de son cas avec l'assistante, puis nous revenons dans la salle de soins.

Mabrouk saigne !

La mèche de coton suinte, des gouttes de sang tombent sur le sol, elles ont déjà formé une petite mare...

— Allons-y, dit Klein sans autre commentaire.

Je soulève le chien, le pose sur la table.

Klein lui fait une piqûre d'hémostatique, une autre d'un produit que je ne connais pas. Puis il suspend un flacon contenant du sérum, plante une aiguille dans la patte et la fixe avec une bande adhésive.

Le goutte-à-goutte commence.

Et encore une fois, la mèche sanglante est retirée, remplacée par une autre.

Le rythme de l'écoulement semble diminuer.

Klein recueille un peu de sang, l'examine, fait des dosages et des calculs sur une plaque de verre.

Je vois son expression se durcir.

— Ça coagule toujours mal, murmure-t-il, malgré tout ce sang qu'il a reçu... Pourvu que Landel revienne assez rapidement...

La panique me saisit.

— Comment cela ? On n'est tout de même pas à une heure près !

— Non, mais enfin je ne voudrais pas qu'il tarde trop...

Je pense : mon chien est en danger de mort.

En tous les cas, Klein y songe sans quoi il n'aurait pas laissé échapper cette phrase.

La transfusion du sérum est terminée.

Je prends Mabrouk, le pose sur le sol.

Il déglutit deux ou trois fois et va s'étendre dans le fond de la pièce.

Je m'assois sur une chaise. Mes genoux tremblent. Le Dr Landel et la petite « véto » sont partis depuis une demi-heure environ. Que font-ils ? Pourvu qu'ils n'aient pas de problèmes pour prélever le sang.

J'attends.

Je me lève sans arrêt pour aller surveiller la mèche. Cela a l'air de s'être stabilisé.

La tête reposant sur ses deux pattes, dans sa position favorite, Mabrouk semble attendre comme moi, mais avec plus de sérénité. Le regard qu'il lève sur moi est confiant. « Je sais que tu fais ce qu'il faut, semble-t-il me dire... et tu vois, je reste calme, je coopère. »

Klein, après avoir rangé ses appareils, quitte la pièce. Il doit examiner des radios pour préparer ses interventions du lendemain.

J'ai les yeux qui me brûlent. Le manque de sommeil commence à me peser.

Je vais me rafraîchir le visage au lavabo de la salle de soins.

Puis, à nouveau, je m'assois et l'attente recommence. Landel et Anne G... ne devraient plus tarder maintenant. Je me raidis contre la somnolence...

Trois heures et demie du matin.

Landel et la jeune vétérinaire ne sont toujours pas revenus. Est-ce qu'il faut tout ce temps pour aller à Maisons-Alfort, prélever du sang et revenir ?

J'essaie de faire des calculs, des pensées folles me traversent l'esprit... et s'ils avaient eu un accident ? Égoïstement, je pense d'abord à mon chien en danger avant de songer à eux. Oui, je suis égoïste, je ne me soucie plus que de Mabrouk, je ne vis plus que pour lui, depuis que nous sommes entrés dans cette clinique. Il y a combien de temps, d'ailleurs ? Nous avons dû arriver ici hier après-midi, vers deux ou trois heures.

Voilà donc quatorze heures que durent cette attente, ces soins, ce calvaire pour Mabrouk.

Je le regarde. Il a refermé ses paupières. Au cours de la nuit, je ne sais plus quand, tout se mêle dans ma tête, on lui a fait une piqûre de Valium pour le calmer. Il a l'air de moins déglutir, mais des gouttes de sang continuent de se former au bout de la mèche de coton, dans sa narine, et de tomber.

Klein entre dans la pièce, jette un coup d'œil à Mabrouk.

Je guette son regard. J'ai peur qu'il ne dise encore : « Il est blanc. » Sourdement, bizarrement, je lui en veux, je ne sais pas pourquoi. Peut-être parce que j'ai besoin de tourner contre quelqu'un la violence de mon inquiétude.

Mais il ne dit rien, se contente de regarder sa montre.

Mon cœur bat plus fort.

— Pourvu que Landel revienne rapidement, a-t-il dit tout à l'heure — il y a près d'une heure.

Mais oui, il est inquiet, il est sûrement inquiet.

La porte s'ouvre, Landel et Anne G... entrent, encore imprégnés de la fraîcheur de la nuit.

Ils ont les flacons de sang !

— Ouf, ça n'a pas été facile, explique Landel. Le gardien n'a pas répondu à nos coups de sonnette, ou il a le sommeil dur, ou il n'était pas là. On a été obligés d'enjamber les grilles pour avoir ce sang ! On a prélevé sur quatre animaux différents.

Je prends Mabrouk dans mes bras.

— Viens, mon garçon, on remet ça.

Je le dépose sur la table de soins — combien de fois n'ai-je pas accompli ce geste depuis notre arrivée ?

Accrochage d'un flacon... enfoncement de l'aiguille dans la patte... réglage de l'écoulement du liquide rouge qui commence à descendre...

Mabrouk ne bouge pas mais, de temps en temps, il tente de dégager sa patte et je la maintiens bien. Mais il ne cherche pas pour autant à quitter cette table de torture, il se laisse faire.

Du sang continue de tomber de la mèche de coton rougi. De temps en temps, Mabrouk se lèche.

— Il est toujours blanc, dit Klein.

Landel ne répond pas.

Jusqu'ici, il disait que ce n'était pas très grave, il ne partageait pas l'inquiétude de son confrère. Pourquoi se tait-il à présent ?

Je croise le regard d'Anne G... Elle m'adresse un petit sourire d'encouragement.

Je regarde le ventre, les cuisses de Mabrouk. Quand les

chiens ont des hémorragies internes, il paraît que des plaques rouges apparaissent sur le corps. Mais je ne vois aucun signe suspect.

Pourquoi ai-je pensé à une hémorragie interne ?

Sans doute le souvenir de ma mère, de sa longue agonie...

Je l'ai toujours connue souffrante.

Il y avait souvent des médecins à la maison. Dès que l'on arrivait dans une nouvelle ville, on s'enquérait du meilleur praticien, qui tout en soignant ses fortes migraines, deviendrait rapidement un ami de la famille, viendrait déjeuner le dimanche. Je revois ces « hommes de l'Art » lui faisant des piqûres de pyramidon dans le cou, quand ses crises atteignaient une trop grande intensité.

Il n'était pas rare que ses douleurs la prennent quand on la contrariait ou qu'on s'opposait à elle...

Plus tard, elle a souffert d'une cirrhose du foie. Elle ne buvait pourtant que de l'eau, mais les crises de paludisme qu'elle avait eues dans sa jeunesse avaient, paraît-il, provoqué ce mal. Dans la dernière période de sa vie sont venues s'ajouter des hémorragies œsophagiennes. Pendant plus de trois ans, nous avons connu l'univers des hôpitaux. Elle revenait pour une période plus ou moins longue à la maison, puis repartait en traitement. Combien de fois ai-je reçu un coup de téléphone m'annonçant que son état était désespéré ! Alors je courais à son chevet et là, je la voyais lutter contre la mort et la vaincre. Elle faisait l'admiration de ses médecins par sa personnalité et son courage. A l'hôpital comme à la maison, elle continuait de régenter nos vies à tous.

La mort de ma mère...

Je me revois dix ans plus tôt, regardant par la fenêtre de l'hôpital Ambroise-Paré.

Ma mère agonisait. J'étais dans sa chambre et j'entendais ses râles de mourante.

Sur la pelouse, cinq étages plus bas, Jimmy le bâtard, qui allait mourir à la Guadeloupe, gambadait et jouait avec mes deux fils. Il était l'image de la vie qui continuait, une sorte de défi à la mort...

Klein recueille un peu de sang sur une plaquette, se livre à un calcul du temps de coagulation. Légère crispation des lèvres. Discussion avec Landel.

J'ai envie de savoir, et en même temps j'ai peur de savoir.

Et puis, à quoi cela servira-t-il que je sache ? La vie de mon chien est entre leurs mains. Je ne peux qu'attendre et espérer.

Le flacon de sang est vide.

Anne G... en prépare un second.

— Bon, je vais rentrer chez moi, dit Landel. S'il y a un problème, vous m'appelez, n'hésitez pas. Mais ne vous inquiétez pas, Mabrouk n'a pas perdu tellement de sang, j'en ai pris trois fois plus sur les chiens à Maisons-Alfort, et ils gambadaient !

Il nous quitte. Je voudrais le remercier de tout ce qu'il a fait, de ces heures passées pour soigner mon chien, mais ma bouche est pâteuse, mes lèvres crispées, je me contente d'un signe d'amitié.

Le sang défile dans le tube de plastique. C'est long. Klein monte se reposer dans son bureau.

— C'est terminé, annonce Anne G...

Je sursaute. Est-ce que je me serais endormi pendant quelques minutes ? En fait, la transfusion a duré près d'une heure.

Je reprends Mabrouk dans mes bras et le pose à terre.

Incapable de se tenir sur ses pattes, il s'affale cette fois sur le ventre.

— Mabrouk !

J'ai crié... Je le prends sous le ventre pour le soulever, je sens son cœur sous ma paume, je sens battre sa vie. « Mon costaud, tu ne peux plus te tenir debout ? C'est impossible... »

Dès que je ne le maintiens plus, il s'affaisse à nouveau.

— Vous savez, c'est normal, me rassure Anne G... Il vient de subir plusieurs transfusions, c'est quand même dur.

Mabrouk ! Mon Mabrouk, toujours en train de jouer, de courir, de sauter... que t'arrive-t-il ?

Il fait une tentative pour se redresser, se soulève sur ses pattes avant, retombe... J'essaie de l'aider à nouveau, mais je sens bien que c'est en pure perte. La force n'est plus là, la force l'a fui.

Il me regarde, il semble me dire : « Non, je n'arrive pas, je n'arrive plus, je flanche... »

Lentement, doucement, je le laisse reposer à terre.

Il rampe, pour aller se réfugier dans un coin de la pièce, cherche une position qui lui convienne, mais a du mal à la trouver. Il continue de bouger, de s'agiter.

Je prends un tabouret, m'assois en face de Mab.

— Je dois aller à l'animalerie, dit Anne G... On a un problème, là-bas.

Elle me quitte à son tour.

Je regarde Mabrouk.

— Ne fais pas l'idiot, Mab. Ne me laisse pas tomber maintenant, je t'en supplie, ne me laisse pas tomber.

Mon estomac me tiraille. Les murs de la pièce ont tendance à tourner.

Il faut que je tienne le coup... que j'occupe mon esprit... Je ferme les yeux, laisse à nouveau les souvenirs affluer...

Maurice, mon frère...
La longue et pénible maladie de ma mère l'avait

beaucoup éprouvé. Il était tombé malade à son tour. Une forme de tuberculose l'obligeait à se faire soigner à l'hôpital Foch, puis à séjourner de longues périodes dans le Midi.

Le 24 décembre 1971, ma mère entra de nouveau à Ambroise-Paré et mourut le 14 janvier.

C'est alors que mon aîné de quatre ans commença à éprouver des douleurs très violentes à la jambe et à l'épaule, et se mit à boiter. En même temps, il se sentait anxieux, très nerveux.

J'attribuais son état dépressif au choc qu'il avait ressenti à la mort de maman, mais aussi à des problèmes sentimentaux et professionnels. La femme qu'il aimait depuis des années — sans avoir jamais osé la présenter à ma mère — venait de rompre... A l'O.R.T.F., le président-directeur général, auprès de qui il occupait un poste important, avait été victime peu de temps auparavant d'un grave accident de voiture.

Chaque changement de direction entraînant souvent des modifications de l'organigramme, des mutations, des nominations nouvelles, Maurice se trouvait sans attribution définie, dans une période d'attente et d'incertitude.

Ses symptômes de dépression nerveuse s'aggravèrent, des signes de maladies nouvelles apparaissaient chaque jour. Très inquiet, je le voyais ou lui téléphonais souvent. Bientôt, il me demanda de l'appeler chaque soir.

Au mois de décembre, il décida de partir pour Nice rejoindre mon père et ma sœur. Dès son arrivée, il s'alita, se plaignant de douleurs au bassin et aux jambes. « Je sens la paralysie me gagner », leur dit-il. Le neurophysiologue appelé d'urgence constata en effet les symptômes d'une paralysie du bas du corps, en même temps qu'une insuffisance respiratoire, et le fit hospitaliser dans un service de réanimation.

MORT D'UN AMI

Cela se passait aussi un 24 décembre, un an jour pour jour après l'entrée de ma mère à Ambroise-Paré.

Quand j'eus le médecin au téléphone, il ne se montra guère optimiste : les signes cliniques d'un cancer de la moelle épinière étaient décelables.

Après quatre jours passés au service de réanimation de l'hôpital Saint-Roch pour ses problèmes respiratoires, mon frère fut transféré dans un autre établissement, Pasteur, pour y subir des examens.

Le matin où ceux-ci devaient être effectués, le téléphone sonna à mon domicile. En sanglotant, ma sœur m'annonça que Maurice venait de mourir.

Je me précipitai à Orly prendre le premier avion pour Nice.

Pendant tout le voyage, malgré ma douleur, je me posai des questions. Pourquoi ce décès subit ? Même si l'état de mon frère était grave, le neurophysiologue ne m'avait pas parlé de danger immédiat. Y avait-il eu erreur de diagnostic, ou peut-être négligence ? Il fallait que j'en aie le cœur net.

A mon arrivée, torturé par le besoin de savoir et malgré une répugnance naturelle, je demandai des explications à la direction de l'hôpital et exigeai une autopsie.

On m'apprit qu'au cours de la nuit fatale, mon frère avait discuté et même fumé avec un interne jusqu'à une heure tardive. L'interne surveillait un vieillard de 82 ans qui occupait l'autre lit de la chambre et dont l'état était critique.

Quand l'interne était parti, à trois heures du matin, mon frère ne présentait aucun symptôme inquiétant.

Quelques heures plus tard, on l'avait retrouvé mort. L'hôpital avançait une explication : il avait voulu boire un verre d'eau et s'était étouffé...

Loin d'être convaincu, j'attendis avec impatience les résultats de l'autopsie, que je n'avais pas ordonnée de gaieté de cœur.

Après trois mois, ceux-ci me furent communiqués : selon les experts, mon frère n'était atteint d'aucune maladie grave, ni cancer, ni paralysie. La conclusion du rapport indiquait : « Causes de la mort inexplicables. »

J'ai toujours pensé qu'il s'était, d'une certaine manière, suicidé, provoquant ses maux ou tout au moins leurs signes apparents, qui avaient trompé les médecins. Il se sentait seul, abandonné, en péril, et sa dépression l'avait conduit à vouloir mourir. C'était une forme aiguë de maladie psychosomatique, un « Lourdes à l'envers », pour cet homme d'éducation chrétienne qui avait réussi à se faire hospitaliser, comme notre mère, quelques heures avant le réveillon... ou la naissance du Christ.

Un animal l'aurait-il sauvé, tenant le rôle d'un confident toujours présent, toujours disponible, toujours prêt à témoigner son amour ? Mon frère se serait-il accroché à la vie afin de ne pas abandonner cette autre vie qui dépendait de la sienne ?

Cette idée peut paraître puérile, mais beaucoup de personnes, surtout âgées, ne sont plus rattachées à l'existence que par leur chien ou leur chat, envers qui ils se sentent des obligations morales et qui donnent un dernier sens à leur vie.

Comment un animal entre-t-il dans votre vie et pourquoi ?

Le « comment », pour moi, a été l'achat, un Noël, pour l'un de mes enfants, d'un chien mécanique en peluche. Il était plus vrai que nature, marchait, tournait les yeux, ouvrait la bouche et couinait.

Ce « placebo » eut l'effet contraire à sa destination : toute la famille en voulut un, un vrai.

Je me mis donc à chercher un chien, comme tout le monde ; j'entrepris de visiter les chenils les plus proches de notre domicile. Je me souviens qu'au cours de cette quête je remarquai un jour dans un panier un tout petit teckel de deux mois. Je le pris dans mes bras, l'examinai. Le chiot posa sur moi un regard méprisant et hautain qui semblait vouloir me dire : « Comment oses-tu me manipuler ainsi ? » Jamais, je crois, je n'ai rencontré une telle expression chez un animal ou même chez un homme — expression de dignité offensée d'autant plus attendrissante qu'elle venait de ce petit être minuscule.

J'eus envie de l'acheter, mais mes enfants préférèrent porter leur choix sur une autre race et je le reposai dans son panier. Mais jamais je n'ai oublié ce regard. Qu'est devenu ce teckel ? Quel destin a-t-il connu, celui d'un prince ou d'un vagabond ?

Finalement, on se décida pour un petit caniche qui ressemblait beaucoup au jouet mécanique.

C'était une petite chienne, d'ailleurs.

On la ramena à la maison, tous très heureux...

Ce bonheur allait être de courte durée.

Presque immédiatement, le bébé chien eut de la fièvre et tomba malade.

C'était la maladie de Carré... La maladie des chenils.

Malgré tous nos soins, elle mourut au bout de dix jours de souffrance.

Bien que nous ayons eu peu de temps pour faire connaissance, je garde d'elle un souvenir ému. C'était une petite bête courageuse, qui malgré son piteux état se levait pour aller faire ses besoins sur un journal. Elle n'avait pourtant que deux mois.

Ce triste événement illustre les problèmes que pose l'achat d'un animal dans un chenil.

Vous passez devant une vitrine où sont exposés des bébés chiens ou chats, vous ne résistez pas à un regard implorant, à des mouvements gauches et touchants, et vous entrez dans l'établissement où vous faites l'acquisition de ce petit être qui vous a ému.

Hélas, ce qui s'annonce comme une aventure de tendresse tourne, trop souvent, au cauchemar.

MABROUK, CHIEN D'UNE VIE

Les nombreuses critiques adressées aux chenils (hygiène défectueuse, animaux en mauvaise santé ou non conformes à la race) ont conduit l'équipe de « Trente Millions d'amis » à se livrer à un certain nombre d'enquêtes afin de bien comprendre la difficulté et tenter d'y apporter des solutions [1].

Pour nous consoler de la mort de la petite chienne, le destin envoya Jimmy.

Un beau jour, l'un de mes fils revint à la maison traînant un chien, un brave bâtard de braque et de pointer qui semblait âgé de huit à neuf mois. L'un de ses camarades, sachant que nous avions été perturbés par la mort du petit caniche, le lui avait donné. C'était un chien trouvé dont personne ne voulait...

C'est ainsi que nous héritâmes de Jimmy.

Dès le premier jour de cohabitation, notre nouveau pensionnaire nous réserva une surprise désagréable : il ignorait visiblement qu'il fallait sortir pour faire ses besoins.

J'appris alors son histoire.

Il avait été trouvé, vers l'âge de cinq ou six mois, attaché à un arbre dans la forêt de Marly. Des gens compatissants l'avaient pris et gardé quelques jours, mais comme il était sale, ils s'en étaient séparés et l'avaient donné à des amis, lesquels à leur tour... on devine la suite. Quand il nous arriva, Jimmy avait connu un nombre non

---

[1]. Si l'on veut avoir un chien ou un chat, il n'existe que deux possibilités sérieuses.

La première : adopter l'animal dans un refuge.

La seconde : s'adresser à la Société centrale canine - 215, rue Saint-Denis - 75002 Paris - Tél. : 233.61.67, afin d'obtenir l'adresse du club de la race que l'on souhaite, qui se chargera de fournir les coordonnées d'éleveurs compétents. *Idem* pour la Centrale féline - 8, parc Rocquencourt - 78150 Le Chesnay - Tél. : 16 (3) 954.51.07.

négligeable de foyers, sans jamais avoir eu le temps de s'attacher à aucun d'eux.

Je m'employai à le sortir régulièrement, à lui donner des habitudes. Au bout de trois jours, les choses s'étaient améliorées : il ne faisait plus qu'uriner dans l'appartement.

A la fin de la semaine, il était parfaitement propre. Je n'avais rien fait d'autre que lui donner une vie régulière, un rythme pour manger, sortir, dormir... et mon affection.

Cette affection, il me la rendait bien.

Le soir, quand je rentrais de mon bureau, à peine avais-je poussé la porte d'entrée qu'il sautait sur moi avec tous les signes de la joie la plus folle, puis il me quittait en aboyant à plein gosier et parcourait à toute vitesse le couloir qui menait à la cuisine où, à cette heure, se trouvaient généralement ma femme et mes fils. Plusieurs fois, il effectuait ce trajet aller et retour en une course désordonnée et bruyante, se cognant contre les murs, aboyant encore.

Il fallait qu'il exprime sa joie, il fallait qu'il crie à toute la famille : « Ça y est, il est arrivé, il est là ! » Il paraissait quelque peu étonné de constater qu'on ne s'empressait pas autant que lui pour me faire fête.

Quand il s'était un peu calmé, c'était rituel, il filait dans ma chambre et bondissait sur le lit. Je venais le rejoindre et là, pendant un quart d'heure, c'était la grande bagarre ! Il me mordait, je le secouais, le pinçais, lui tirais les oreilles, il se roulait de plaisir... Nous étions de vrais chiffonniers, de vrais gamins fous, heureux de nous retrouver et d'exprimer notre bonheur...

Sacré Jimmy ! quel personnage...

Il s'était totalement intégré à ma vie... au point qu'un jour, je l'ai oublié.

Un dimanche matin, je l'avais emmené avec moi acheter du pain et des gâteaux.

Très civiquement, avant d'entrer dans la boulangerie,

j'avais accroché sa laisse à un clou près de la porte. Après avoir fait mes achats, j'étais ressorti...

Je devais être préoccupé, car ce n'est qu'en arrivant chez moi que je m'étais rendu compte d'un léger oubli : j'avais laissé mon chien à la boulangerie !

Comme un fou, j'avais couru jusqu'à la boutique.

Il était toujours là, tranquillement assis à m'attendre. Il m'avait sans doute vu sortir et, constatant que je ne le récupérais pas, n'avait pas aboyé pour m'appeler : sa grande confiance en moi lui faisait penser que j'avais des raisons d'agir ainsi et que je ne manquerais pas de revenir le chercher.

Son attitude très digne m'attendrit.

C'était d'ailleurs un chien soucieux de sa dignité. Il avait, comme la plupart de ses frères, le sens du ridicule.

Un après-midi, alors qu'il neigeait et faisait très froid, j'hésitais à le sortir, car il me semblait un peu mal fichu. Mais c'était l'heure de sa promenade hygiénique et il fallait prendre une décision.

Finalement, je pris un vieux pull, que je lui enfilai en passant sa tête à travers le col roulé et en glissant ses deux pattes avant dans les manches, que je retroussai. L'opération ne fut pas tellement aisée, mais enfin nous fûmes équipés pour sortir.

Dans l'escalier, il se montra récalcitrant, tirant sur sa laisse pour ne pas sortir.

Une fois dans la rue, j'eus l'impression que le chien rasait les murs...

Cela se gâta quand nous croisâmes un couple, et que l'homme le montra en riant à sa compagne :

— Regarde ce chien, comme il est drôle, dit-il.

Aussitôt, Jimmy fit demi-tour sur place et, comme un dératé, tirant de toutes ses forces sur sa laisse, m'entraîna vers la maison. Il ne voulait pas que l'on se moque de lui.

Dans l'entrée de l'immeuble, je lui ôtai ce pull qui

l'humiliait tant et nous ressortîmes. Il était de nouveau très calme.

Avec ma mère, il entretenait des rapports plutôt amicaux, ce qui était une sorte de prouesse, étant donné les sentiments très réservés que celle-ci professait à l'égard des animaux.

Quand nous lui rendions visite, elle tolérait la présence de Jimmy, mais supportait difficilement qu'il circule d'une pièce à l'autre, car elle avait toujours peur qu'il salisse ou détériore quelque chose. Sa chambre, en particulier, lui était absolument interdite, si bien que le chien, pendant tout le temps de la visite, restait couché à côté du fauteuil où je m'installais d'ordinaire.

Pourtant, il ne semblait pas tenir rigueur à ma mère de son attitude envers lui et manifestait sa joie dès qu'il la voyait, ce qui, je crois, la touchait et en même temps l'étonnait. Les chiens — et les chats leur sont semblables en cela — éprouvent souvent, devant des personnes indifférentes à leur égard, l'envie de faire des avances afin d'attirer leur attention et de se faire aimer d'eux peut-être.

Le soir où ma mère mourut à l'hôpital Ambroise-Paré, nous nous rendîmes dans son appartement. Dès le seuil franchi, Jimmy fila directement dans la chambre où il n'avait jamais eu le droit d'entrer et monta se coucher sur ce lit. Il savait qu'elle ne reviendrait plus...

C'était vraiment un chien à la personnalité très marquée.

Parfois je songeais à ses premiers maîtres, qui l'avaient abandonné dans la forêt de Marly. Comment avaient-ils pu ainsi sacrifier mon Jimmy, le promettre à la fourrière et sans doute à la mort, lui qui n'était qu'affection et fidélité ? Mais, dira-t-on, la plupart des animaux de compagnie ont ces qualités et aucun ne mérite ce sort cruel. J'en suis bien d'accord.

Et c'est pour cela que dans mon émission nous avons créé la rubrique « S.O.S. animaux abandonnés » afin non seulement de donner des maîtres à ces victimes de l'ingratitude humaine, mais aussi de sensibiliser le public à ce scandale, le public très jeune surtout, car je voulais faire en sorte qu'aucun père de famille n'ose encore, sous le regard de ses enfants, ouvrir la portière de sa voiture en rase campagne pour se débarrasser d'un chien ou d'un chat qui, lui, n'aurait jamais trahi son maître.

Le mensuel et l'A.D.A.C. (Association de défense des animaux de compagnie) que j'ai fondés ensuite prolongent ce combat.

Certes Jimmy avait eu la chance d'être recueilli, puis d'arriver dans notre famille. Pourtant, son abandon l'avait traumatisé, comme je m'en suis rendu compte lors du premier voyage que nous avons fait avec lui.

Nous partions en vacances aux Baléares. Je dirigeais à l'époque une société de tourisme et je me faisais un devoir d'aller là où j'envoyais nos clients.

Avant le départ, lorsqu'il a vu les valises, il s'est mis à hurler, puis a couru se cacher sous une armoire. A l'évidence, ses premiers maîtres s'étaient débarrassés de lui lors d'un départ en vacances et, dans la tête de Jimmy, les valises restaient liées à l'idée d'abandon, de solitude, de désespoir.

Nous avons réussi à le calmer, à le rassurer, mais il n'était pas tranquille.

Afin que la traversée en avion se passe bien pour lui, j'ai décidé de le garder avec moi.

Comme l'appareil était affrété par ma société, j'ai pu obtenir qu'on ne le mette pas dans une caisse, à l'arrière de l'avion, comme le règlement de l'époque l'exigeait (les Caravelles ne possédant pas de soutes à bagages pressurisées) et je l'ai installé à côté de moi, près du siège.

Aujourd'hui, lorsqu'on prend l'avion avec un chien, il y a deux possibilités : ou l'animal est petit, et il peut tenir dans un sac de voyage que l'on garde avec soi, ou il est de bonne taille et il faut alors le mettre dans une caisse spéciale qui sera placée dans la soute pressurisée de l'appareil.

A ce propos, nous avons reçu dans le courrier adressé à l'émission et au journal un certain nombre de témoignages de personnes qui nous signalaient que, parfois, la pressurisation de la soute s'interrompait quelques minutes et les animaux pouvaient mourir de froid ! Dès que j'ai eu connaissance de ces témoignages (dont j'avoue ne pas avoir vérifié l'exactitude), je n'ai plus voulu prendre l'avion avec Mabrouk...

Jimmy était donc installé à mes côtés, assez calme, d'ailleurs, quand j'ai vu le pilote de l'avion s'avancer vers moi.

— Monsieur, vous ne pouvez pas garder ce chien avec vous. Question de sécurité.

Une discussion s'ensuivit.

J'obtins un compromis : Jimmy serait placé à l'arrière, dans le petit réduit réservé à l'hôtesse.

Je l'y conduisis, mais n'eus pas le cœur de l'abandonner là. L'hôtesse, très gentiment, me laissa prendre place sur un petit strapontin équipé d'une ceinture de sécurité.

Pendant tout le décollage, j'ai tenu la patte de mon chien. Les passagers me regardaient avec curiosité. Je me sentais un peu ridicule. Heureusement, ils ne savaient pas que j'étais l'organisateur du voyage.

Quand la permission a été donnée de détacher les ceintures, on a accepté que je reprenne place à l'avant avec Jimmy. Lors de l'atterrissage, nous sommes sagement retournés à l'arrière.

Nous passâmes des vacances sans histoires. Je me disais : maintenant, il a compris que nous ne l'abandonnerons jamais...

Mais au moment du retour, la vue des valises le fit de nouveau replonger dans l'effroi. Il courut se cacher sous les voitures, dans le parking de l'hôtel, et nous mîmes plus d'une heure à le rassurer tant il tremblait, gémissait et poussait des hurlements.

Son second voyage en avion, il le fit dans des circonstances dont le souvenir m'est douloureux.

Ma mère ayant émis le vœu d'être enterrée à Nice, nous décidâmes de faire transporter son cercueil par avion. Jimmy nous accompagna, car je n'avais trouvé personne susceptible de s'en occuper en notre absence.

A nouveau, les conditions dans lesquelles mon chien allait effectuer le voyage se posaient. Je ne voulais pas me séparer de lui et nous tentâmes mes fils et moi de le placer dans un sac de voyage. Mais malgré tous nos efforts, nous ne parvînmes pas à le faire entrer entièrement : une ou deux pattes ressortaient toujours... Énervé, le chien se débattait. Autour de nous, les gens s'arrêtaient, riaient devant nos efforts. Plus on insistait, plus Jimmy paniquait. La situation était tragi-comique.

L'heure de départ de l'avion approchait, il fallait trouver une solution.

Alors d'un seul coup, j'ai pris mon chien contre moi, en lui calant le cou entre mon bras et ma poitrine et j'ai posé mon imperméable sur mon bras. Ainsi il était dissimulé aux regards.

Essayez de tenir un chien de cette manière, il se débattra comme un fou.

Jimmy, lui, pendait comme un parapluie, sans esquisser le moindre mouvement. Il avait compris d'instinct ce que j'attendais de lui, pressentait que nous allions, dans des circonstances exceptionnelles, traverser ensemble une épreuve.

Nous avons passé tous les contrôles d'embarquement sans qu'il ait le moindre tressaillement. Pourtant, il devait être à demi étranglé. De plus, à cette époque, il n'y avait pas de couloir-nacelle menant directement à l'avion, il fallait monter, descendre, traverser la piste, emprunter la passerelle.

Personne n'a remarqué mon vivant fardeau.

A bord, il s'est glissé de lui-même sous un fauteuil, près du hublot. Nous l'avons dissimulé avec des journaux. Là encore, il n'a pas bougé, tandis qu'on nous servait des rafraîchissements, à déjeuner, etc.

A l'arrivée à Nice, je lui ai mis sa laisse et nous sommes sortis tranquillement par le couloir central, sous les yeux stupéfaits des hôtesses, qui se demandaient d'où pouvait bien surgir ce passager clandestin.

C'est lors de son troisième voyage que Jimmy a rencontré son destin.

Cette année-là, j'avais beaucoup de travail et je suis resté à Paris. Ma famille est partie en vacances à la Guadeloupe, en emmenant le chien. On avait loué une villa.

Pour la première fois, Jimmy voyageait dans la soute, à l'intérieur d'une caisse-niche.

Lorsqu'il est sorti à l'air libre, il tanguait un peu, m'a-t-on dit, mais très vite il a repris son aplomb.

Les lettres que je recevais me donnaient de ses nouvelles. Le chien allait bien, il aimait le jardin qui entourait la villa, et avait trouvé des copains chiens errants avec qui il jouait sur une plage.

La veille du retour, mes enfants ont décidé d'aller faire enregistrer les bagages à l'aéroport, pour être plus tranquilles le lendemain.

Quand il a vu les valises, Jimmy a commencé à s'agiter, à se plaindre. Il avait peur, de nouveau.

Mes fils ont placé les valises dans la voiture qu'ils avaient louée là-bas. Jimmy a voulu monter à bord. Il tenait à être à côté des bagages, afin d'être tranquille. Il devait se dire : si je suis avec les valises, alors je ne serai pas abandonné...

— Non, toi tu restes là, à la maison, lui a-t-on ordonné.

Mes fils ne se rendaient pas compte à quel point il était traumatisé.

Depuis des années, je reconstitue cette scène telle qu'on me l'a racontée, et m'interroge : mais enfin, qu'est-ce qu'il leur a pris, pourquoi n'ont-ils pas laissé monter le chien, qu'est-ce que cela pouvait bien leur faire ?

La voiture a démarré.

Leur mère, qui restait à la villa, a appelé le chien.

— Viens ici, Jimmy !... Ne t'en fais pas, ils vont revenir...

Jimmy l'a regardée une seconde... puis, comme un fou, il s'est élancé sur la route, à la poursuite de la voiture, à la poursuite des valises...

Elle a essayé de courir après lui... en vain. Il avait disparu au loin.

Elle a marché quelque temps, puis a croisé un cycliste, qu'elle a interrogé : « Vous n'avez pas vu un chien ? »

— Si, lui a dit l'homme. Il y en a un, plus loin, là-bas. Une voiture l'a écrasé.

Jimmy a été enterré sur la plage où il aimait tant jouer avec ses copains errants.

Au téléphone, quand mon fils aîné m'a annoncé sa mort, il pleurait. Moi aussi, j'ai pleuré. Le lien que nous avions avec cet animal s'était rompu, une vie était partie.

Bien que j'aie vécu avec Mabrouk une relation plus totale, ce qui m'unissait à Jimmy était unique. Cette manière par exemple qu'il avait d'annoncer mon arrivée à cor et à cri lorsque je rentrais le soir, nos bagarres sur le lit... Jamais je ne retrouverai tout cela. Jamais.

Six heures du matin.

Mabrouk est couché dans son coin. Il grogne, par moments, se racle la gorge. Il ne dort pas. Depuis que nous sommes ici, il ne s'est pas assoupi, ne serait-ce que quelques minutes. Il essaie de se lever, rampe d'un coin à l'autre de la petite pièce.

Sur mon tabouret, j'ai dû rester longtemps immobile, car mon dos et ma nuque sont douloureux.

Je me lève, fais quelques pas dans la salle de soins. Un tube fluorescent clignote. On entend, quelque part, la légère vibration sourde d'un appareil électrique.

Sur la table de soins, je vois du sang séché.

Le sang de Mabrouk.

J'ai envie de crier que je n'en peux plus, que c'est injuste : pourquoi le mal frappe-t-il mon chien, et quel mal, nom de Dieu ! Pourquoi n'arrive-t-on pas à savoir ? Oui, demain, bien sûr, on fera des analyses... et déjà j'ai peur, je me demande ce qu'elles vont révéler...

Je reviens vers Mab. Il tente de se redresser et se couche sur le flanc d'un mouvement brusque, si brusque que sa tête cogne rudement le sol.

Je me précipite, me penche vers lui, lui caresse la tête.

— Va doucement, mon petit, sinon tu vas recommencer à saigner.

Je regarde attentivement la mèche.

Elle est rouge, mais aucune goutte ne semble se former à son extrémité.

Anne G... prend la température de Mabrouk.

Je l'interroge :

— Combien ?

— 41°,3.

— C'est beaucoup.

— Oui, c'est beaucoup. Je vais lui prendre le pouls.

Je la regarde faire. Elle a des gestes précis, efficaces. Elle se relève.

— Cent soixante. C'est beaucoup aussi.

Sous la lumière du néon, son visage est creusé, fatigué.

— Je monte prévenir le Dr Klein.

Elle nous laisse.

Mabrouk me regarde intensément. Ses yeux sont limpides, vifs, il n'y a pas de « voile », ils ne sont pas vitreux.

Quand elle revient, elle m'interroge du regard.

Je fais un vague geste qui signifie : rien de spécial.

Soudain, Mabrouk fait un effort, tend son corps, se dresse sur ses pattes avant.

Il vomit, par saccades.

Je vois des petits morceaux de viande au milieu d'un flot de sang noirâtre. Il n'a pas digéré son dernier repas.

Ma mère... Ma mère est morte en vomissant du sang. On lui introduisait des sondes dans l'estomac pour pomper le sang qui s'écoulait de l'œsophage.

Le sang que Mabrouk a vomi est noir.

Cela signifie qu'il a séjourné longtemps dans son estomac.

C'est sûrement tout le sang qu'il a léché, quand le saignement de sa narine était très fort, qu'il vient de rendre. Il n'a pas d'hémorragie interne, certainement pas. Tout doit se passer dans le museau. Klein a parlé de l'opérer. C'est peut-être ce qu'il faudra faire.

Anne G... nettoie le sang et les vomissures.

Mabrouk reprend sa position à plat ventre, puis il se redresse à nouveau.

A nouveau, il s'agite, se redresse et reprend sa position sur le ventre, la tête posée sur les pattes avant.

— Bon, mon vieux Mab, c'est fini à présent, reste calme. Tu es débarrassé de ce que tu avais sur l'estomac, ça va aller mieux maintenant. Si seulement tu te décidais à dormir un peu, hein ? Tu ne veux pas dormir un peu ?

Il me regarde.

Je sens des larmes me piquer les yeux. Il y a tout l'amour du monde, dans ce regard.

— Il faut lui faire des piqûres, dit Anne G...

Elle m'énumère les noms compliqués des produits, puis sort des boîtes, en extrait des ampoules, prépare une seringue.

Piqûre... Combien de fois au cours de cette nuit interminable ne t'a-t-on pas enfoncé de l'acier sous la peau, mon Mabrouk ?

J'interroge :

— Qu'est-ce que Klein a dit, pour le vomissement et la température ?

— Ça va certainement s'arranger avec ce que je lui ai donné. Il faut attendre.

Attendre... Je ne fais qu'attendre depuis des heures. Attendre, craindre, espérer, souffrir...

Mabrouk se traîne vers moi, pose sa tête sur mon soulier. Je le caresse, le gratte sous la gorge et entre les oreilles.

— T'en fais pas, ne t'en fais pas.

Il lève la tête, se racle la gorge, déglutit.

Mon Dieu, pouvu qu'il ne vomisse pas de nouveau.

Il rampe vers un coin de la pièce puis se couche une nouvelle fois sur le flanc, en lançant sa tête en arrière comme s'il contrôlait mal ses mouvements. Le cognement de son crâne sur le carrelage me fait mal.

— Vous voulez un café ? me propose Anne G...
— Oui, merci.

Elle sort. Je sais qu'il y a un distributeur, à proximité de la grande salle d'opérations.

Mabrouk a fermé les yeux.

Est-ce qu'il a mal ? Sans doute. Peut-être. Je ne sais pas. C'est terrible, de ne pas savoir. Est-ce qu'il va dormir ?

Non, il soulève ses paupières.

Anne G... est là, avec deux gobelets fumants.

Le café me fait du bien : je commençais à me sentir un peu cotonneux.

La jeune « véto » s'assoit à côté de moi.

— Il paraît que votre chien est célèbre, me dit-elle. Quand j'ai pris mon service, on m'a dit : Mabrouk est ici, Mabrouk, le chien de « Trente Millions d'amis ». Comme je ne regarde pas beaucoup la télévision, j'étais la seule à ne pas le connaître. Il accomplit vraiment des exploits ?

— Oui, enfin ce n'est pas un chien de cirque, ni un champion soumis à un entraînement physique intensif ! C'est surtout un chien intelligent. S'il réalise des exploits, ce sont des exploits d'intelligence.

Brusquement, j'ai envie de parler de Mabrouk, de raconter notre rencontre, les liens puissants et rares qui se sont noués entre nous.

— Vous savez, avant d'être une vedette de télévision, il est surtout mon chien.

Et je commence à raconter notre vie, la Télévision... les tournages...

Mab est plus calme. Il ne déglutit pas, ne tressaille plus.

Il sait que je parle de lui.

Il a l'air soudain apaisé, ses yeux se sont clos.

Anne G..., en revanche, le regarde avec inquiétude.

— Il ne bouge plus ! dit-elle.

J'ai envie de sourire.

J'entends, je sens la respiration de mon chien, il est là, tout près de moi.
Je dis :
— Regardez...
D'une voix douce, je murmure :
— Mabrouk.
Il ne bouge pas la tête, mais ouvre les yeux et me regarde.
Il semble me dire : toi et moi, on se comprend, hein ? Elle, elle ne sait pas. Nous, nous savons.
C'est vrai, nous savons.
Nous partageons les souvenirs de ces moments extraordinaires qui ont jalonné notre vie commune...

Neuf heures du matin.
Mabrouk est toujours couché à mes pieds. Il n'a pas bougé depuis une heure. Les yeux mi-clos, il m'a écouté, il savait que je parlais de lui, j'en suis sûr.
La clinique commence à s'emplir de bruits, de voix.
Je me sens soulagé.
Mabrouk a passé le cap de la nuit, de cette nuit porteuse de toutes les angoisses, de toutes les pensées morbides... l'heure des agonisants. Maintenant, Klein et ses collaborateurs sont là, à pied d'œuvre. Toutes ces compétences, tout cet appareillage médical sophistiqué, vont se mettre à l'œuvre pour sauver Mabrouk. L'espoir revient avec le jour, qui chasse les peurs de l'aube...
Une fois, dans la salle de réanimation de l'hôpital Cochin, j'avais laissé ma mère à deux heures du matin, en pleine hémorragie. J'hésitais à la quitter. Elle me dit : « Va te reposer, moi je ne vais pas dormir, sinon je ne me réveillerai pas. » J'ai roulé au hasard dans Paris et, n'y tenant plus, je suis retourné à l'hôpital vers 6 h 30. Maman était vivante. Elle avait été plongée dans un coma bizarre,

avait déliré, vu des meurtres autour d'elle, mais elle s'était accrochée à la vie, attendant le matin rassurant.

Anne G... passe la main sur ses yeux fatigués ; bientôt, elle va être remplacée par quelqu'un de l'équipe de jour.

L'analyse... Ce soir ou demain, on aura les résultats de l'analyse de sang. Il y a aussi l'opération possible dont parlait Klein. On agira, on se battra !

Anne G... prend à nouveau la température de Mabrouk. 41°,3.

Son visage s'assombrit. C'est beaucoup, je le sais. Cela n'est pas descendu depuis des heures.

Elle prend le pouls. 120.

C'est mieux, c'est bien : il est tombé de 160 à 120, c'est sûrement bon signe, il faut que ça soit bon signe...

Mabrouk s'agite de nouveau.

Il essaie de se lever, retombe, rampe vers un coin de la pièce en faisant des bruits de gorge, en soufflant par ses narines, toujours avec cette mèche au bout de son nez.

Puis, il s'allonge sur le flanc, en lançant sa tête en arrière, comme je le lui ai vu faire plusieurs fois au cours de la nuit.

Quelques gouttes tombent lentement de la mèche.

— Ne bouge pas trop, ne bouge pas trop, tu vas voir, on va s'en sortir.

Je me lève. Les murs tournent un peu autour de moi, mes paupières sont lourdes.

Par la porte entrouverte, je vois des blouses blanches passer dans le couloir. Des gens s'arrêtent, passent la tête, me questionnent :

— Alors, comment va Mabrouk ?

— Pas très bien... Enfin, ça va sans doute aller mieux.

Je fais la même réponse, plusieurs fois, sans même penser à ce que je dis, machinalement.

Mabrouk s'est relevé, s'est couché sur le ventre, le museau entre les pattes.

Je le rejoins, le caresse. Il me lèche les mains, à petits coups de langue.

— T'en fais pas, Mab, t'en fais pas...

Je ne sais pas quoi dire d'autre.

Je vais reprendre place sur mon tabouret.

Klein entre dans la pièce.

— Alors, comment ça va ? Toi, tu dois être crevé.

— Un peu. Mabrouk n'a presque pas saigné, c'est bien, non ?

— Oui, oui...

— Qu'est-ce que tu crois qu'il a, d'après toi ?

— Il faut attendre le résultat des analyses.

Il échange quelques mots avec Anne G... Elle lui signale qu'il fait encore de la fièvre.

Il regarde Mabrouk.

Mon chien nous observe, le museau toujours posé sur les pattes avant.

Puis il relève la tête...

... Et soudain, se redresse et se jette sur le côté avec violence.

Un choc sourd contre le sol...

Je pense : Aïe ! Il va se remettre à saigner !

— Ça y est, il est parti, murmure Klein.

Je ne comprends pas.

Parti ?

Cela veut dire quoi ? Qu'il est évanoui ?

— Non, non, dit Anne G..., il a déjà fait ça plusieurs fois.

— Non, c'est fini, insiste Klein, la voix fêlée.

— Quoi... ce n'est pas possible !

Klein s'est précipité et presse la poitrine de Mabrouk avec violence, lui donne des coups à l'endroit du cœur, tandis qu'Anne G... tient ses mâchoires grandes ouvertes.

Non, ce n'est pas possible, ce n'est pas vrai, je n'y crois pas.

Mabrouk exhale un râle profond, interminable... puis plus rien.

Klein continue de masser, de frapper comme un forcené !

Il se redresse, me regarde, fait un geste las.

Je me jette sur Mabrouk, je le presse contre moi... Il est chaud, il semble vivant, il n'a pas changé ! Ce n'est pas vrai, ce n'est pas vrai...

Je pleure, je prends sa tête dans mes bras, je ne sais que répéter :

— Mais qu'est-ce qu'il a eu ? qu'est-ce qu'il a eu ?

— Il faudra qu'on regarde, répond Klein.

Regarder ?

Il veut dire... lui ouvrir le corps, le disséquer ?

Je crie à travers mes larmes :

— Non, je ne veux pas d'autopsie ! Qu'on lui foute la paix !

Klein fait signe à son assistante, ils sortent de la pièce, me laissent seul avec Mabrouk.

Mon chien...

C'est encore mon chien, il est toujours là, c'est mon Mabrouk ! Je n'arrête pas de pleurer.

— Pourquoi tu m'as laissé tomber ? Dis-moi, pourquoi m'as-tu laissé tomber ?

Klein rentre, accompagné de l'un de ses assistants.

Celui-ci porte un grand sac de plastique gris.

— Qu'est-ce que tu veux en faire ? interroge Klein.

C'est vrai, Mabrouk ne doit pas rester là, Mabrouk est mort, il n'a plus sa place ici, Mabrouk est mort, c'est un cadavre maintenant...

— Je l'emmène, je l'emmène tout de suite. Je veux l'enterrer à la campagne.

Je le prends dans mes bras, tout chaud, comme endormi. L'assistant m'aide à le faire pénétrer dans le sac. Il a des gestes un peu rudes de professionnel.

Je proteste :

MORT D'UN AMI

— Oh ! doucement.

— Oui, fais doucement, recommande Klein.

Il saisit un côté du sac de plastique, je prends l'autre, et nous quittons la pièce.

Un couloir... Un autre couloir... La salle d'attente avec les gens, les secrétaires... les portes vitrées qui coulissent...

Le jour me fait cligner un peu les yeux. Il fait gris et froid. Hier, je suis entré ici pour un simple saignement de nez de mon chien... et me voilà maintenant portant son corps.

J'ouvre la portière arrière de ma voiture.

Sur le trottoir, un homme arrive à ma hauteur. Dans un état second, j'enregistre son apparence : soixante ans, rosette à la boutonnière, genre cadre supérieur ou haut fonctionnaire. Il promène en laisse un épagneul. A la vue du sac en plastique, il comprend instantanément ce dont il s'agit, car c'est sûrement un habitant du quartier qui connaît l'existence de la clinique. Il a alors une réaction extraordinaire : il fait un signe de croix, se penche rapidement vers son chien et lui détourne la tête pour l'empêcher de voir ça...

Cet inconnu, qui vient de voir la mort inéluctable de son compagnon et veut l'exorciser, m'est soudain très proche...

Le corps de Mabrouk est sur la banquette arrière, dans son enveloppe de plastique.

Je suis assis à côté de lui, engourdi de douleur. Une amie a pris le volant. En téléphonant pour avoir des nouvelles de Mabrouk, elle a appris sa mort et s'est précipitée pour être à mes côtés.

Mabrouk... Hier, à cette même heure, nous allions ouvrir l'enclos des poules. Tu avais fait un dernier effort pour me suivre, mais tu n'avais parcouru que quelques mètres avant de te coucher sur le gazon. Ensuite, de la fenêtre du premier étage, je t'avais regardé et j'avais *su*...

Mabrouk... Il est impossible que tu ne sois plus maintenant que cette chose sans vie dans ce sac de plastique... Je refuse d'y croire et, en même temps, la réalité s'impose, brutale, irrémédiable...

Mabrouk est mort... Mabrouk est mort...

Des images de mon chien jaillissent et me font mal. Son regard aimant et attentif, sa joie de bondir pour me retrouver...

Les larmes coulent sur mes joues.

Mabrouk... plus jamais.

Il était presque fatal, je le savais, que je le voie mourir un jour sous mes yeux. J'ai vécu avec cette mort programmée. J'y pensais bien quelquefois, mais je refoulais cette idée au plus profond de moi-même. J'évitais de réfléchir au problème de sa vieillesse.

Je ne veux pas avoir un autre chien. Jamais.

Il est étendu sur le gazon, on dirait qu'il dort. Mon poignet de tennis est toujours passé à sa patte avant.

Le jardinier est en train de creuser la terre, exactement à la place favorite de Mabrouk, l'endroit le plus frais du jardin, celui d'où il pouvait surveiller aussi bien le portail que la porte d'entrée de la maison... celui aussi où il se réfugiait de plus en plus fréquemment pour fuir les ardeurs du soleil.

J'ai voulu que ce soit le jardinier qui m'aide à mettre mon chien en terre, lui qui, quand nous nous sommes connus, n'aimait pas tellement les animaux, et dont Mab a fait la conquête, au point qu'ils jouaient comme deux amis.

Quand j'ai téléphoné à l'usine où il travaille, un contremaître m'a expliqué qu'il ne pouvait pas me le passer, parce que le règlement interdisait les communications personnelles.

MORT D'UN AMI

J'ai insisté.

— Écoutez, il s'agit de quelque chose de très grave.

En disant ces mots, j'ai réalisé que je ne pouvais pas demander que quelqu'un quitte son travail sous un tel prétexte. Si j'avais annoncé la mort d'un être humain, alors sans doute l'aurait-on autorisé à partir, mais pour celle d'un animal, c'était impensable, incongru...

— Si vous voulez, a dit le contremaître, je peux lui faire une commission, à la rigueur.

— Dites-lui qu'il vienne me rejoindre dès qu'il sortira, car j'ai perdu mon chien.

Après avoir raccroché, j'ai pleuré comme je le faisais depuis des heures, comme j'allais le faire pendant des jours.

La mort d'un animal nous entraîne à pleurer sans retenue, je veux dire que notre douleur est une douleur physique; elle est simple, elle est primaire, à l'image des rapports que nous entretenons avec lui.

Elle n'a pas cet aspect intellectuel et social qu'elle revêt pour la mort d'un humain, où des rites, un cérémonial, la prennent en charge, où tout un environnement est conçu pour que nous exprimions notre souffrance, où l'on s'attend à ce que nous pleurions, où l'on compatit, où l'on nous accompagne. Pour la perte d'un chien, nous sommes seuls et notre peine ne peut être que vraie, authentique, car nul ne nous contraint à l'exprimer, et même, nous courons le risque de paraître ridicules à certains.

Le jardinier a fini de creuser.

Nous enveloppons Mabrouk dans un drap rose. Quand je touche son corps, j'ai l'impression de sentir sous mes doigts un être encore vivant.

Sa fourrure est douce.

Il n'est pas complètement rigide. Il donne l'impression de dormir. Je l'embrasse sur le front, je sens la douceur de ses poils. Je n'ai pas cette sensation de peau froide désincarnée que l'on a lorsqu'on effleure le cadavre d'un être humain.

Des idées traversent ma tête : je ne vais plus jamais le voir, alors qu'il est si beau... je pourrais le faire empailler, embaumer...

Nous descendons Mabrouk dans sa tombe, je place près de lui tout ce qu'il aimait, un ballon, des balles de tennis, ses jouets en plastique.

Une à une, les pelletées de terre le recouvrent.

Je suis comme un somnambule...

Après que la fosse a été comblée, je reste immobile, perdu, anéanti.

A la tombée du soir, je suis rentré dans la maison. Machinalement, j'ai ouvert le réfrigérateur pour trouver quelque chose à manger, et j'y ai vu deux paquets de viande destinés à Mabrouk.

Pendant un dixième de seconde, j'ai eu l'impression que mon chien était encore vivant !... J'ai avalé ce que je trouvais, marché de long en large dans le salon. J'aurais pu prendre un livre, regarder la télévision, mais je ne voulais pas me distraire de ma douleur. Je voulais penser à Mabrouk, l'évoquer sans cesse pour le garder vivant en moi.

Je suis ressorti dans le jardin et me suis dirigé vers la tombe.

Durant un long moment, je suis resté debout devant elle, fixant la terre et les pierres, sous lesquels il y avait ce corps enfoui, ce corps de mon chien.

J'étais immobile, figé. La nuit était complètement tombée. Mes jambes ont été prises d'un tremblement incontrôlable. Je suis monté dans ma chambre et me suis effondré sur mon lit comme une masse, terrassé par le sommeil.

MORT D'UN AMI

Le lendemain, dès que je me suis réveillé, la mort de Mabrouk était là, me frappant, m'anéantissant à nouveau.

Pourtant, une partie de moi-même refusait la réalité. Partout, je m'attendais à le voir surgir. Ainsi, en descendant l'escalier, mon regard est parti à sa recherche au bas des marches, mais a heurté le vide. Mabrouk ne m'attendrait jamais plus...

Dans l'entrée, l'un de ses colliers était accroché au portemanteau. Je l'ai pris, mais Mabrouk n'accourrait pas joyeusement pour que je le lui passe autour du cou. J'ai mis le collier dans la poche et en sortant pour aller ouvrir l'enclos des poules, je le caressais du bout des doigts.

J'ai dit à « Mémère » et à ses compagnes qu'elles ne reverraient plus Mabrouk et j'ai eu l'impression qu'elles comprenaient. Elles me paraissaient soudain plus proches : elles avaient connu Mabrouk, elles faisaient partie de son monde, elles étaient un peu lui. Ensuite, j'ai suivi sur la pelouse les traces qu'il avait imprimées le long de la haie, quand il allait et venait en jouant avec le chien du voisin.

Dans l'après-midi, des amis m'ont téléphoné. Ils avaient appris la nouvelle de la mort de Mabrouk, qui avait été annoncée avec beaucoup de tendresse, au journal de treize heures par Yves Mourousi. Ils me parlaient, me disaient des choses gentilles ; certains me racontaient leur propre peine quand ils avaient perdu l'animal qu'ils aimaient, et comment ils étaient parvenus à la surmonter. J'étais touché par cet élan de chaleur humaine, mais en même temps je ne parvenais pas à construire des phrases pour y répondre, pour les remercier, j'étais comme paralysé.

L'après-midi, on a sonné au portail.

J'ai sursauté. Mabrouk allait s'élancer...

Quand il était avec moi, dans le salon, et qu'il entendait ce timbre résonner, il se précipitait comme un fou en aboyant, pour bien montrer qu'il était le gardien du logis. Il fonçait comme un dératé... En tournant le coin, près du vestibule, ses pattes glissaient sur le carrelage, il ratait son virage, se cognait parfois contre un meuble et repartait de plus belle... courait sur le gravier sans hésitation, alors qu'habituellement il le contournait pour éviter de se faire mal aux pattes. Mais là, il se moquait bien de sa douleur ! Il filait jusqu'au portail et m'y attendait sans cesser d'aboyer. Dès que je l'ouvrais, je n'avais nul besoin de lui donner d'ordre pour qu'il se taise et regarde sagement les visiteurs.

La sonnerie insistait.

Je suis allé voir. J'entendais les aboiements de Mabrouk, sa course sur le gravier.

C'étaient des enfants qui vendaient des billets pour une loterie. Je leur en ai acheté un carnet.

En revenant vers la maison, j'ai vu que les poules s'avançaient plus près que d'habitude. Elles savaient que Mabrouk n'était plus là pour les chasser, elles s'enhardissaient, en profitaient. Je leur en ai un peu voulu.

Il me fallait tout de même songer à mon travail.

Je me suis astreint à donner des coups de téléphone, pour régler quelques problèmes. Mais tout cela me paraissait vain, sans intérêt.

Le vide... Je le ressentais tout autour de moi, vertigineux.

L'absence... L'absence des pas de Mabrouk, de sa voix, de tous ces bruits plus subtils, imperceptibles pour un autre que moi, qui accompagnaient les moments de ma vie.

Le soir, je suis allé faire notre promenade rituelle. Je voulais suivre notre chemin, retrouver chaque endroit où il passait, les moindres brins d'herbe où il se couchait. J'ai refait les mêmes gestes, je me suis penché vers lui, je lui ai pressé le museau contre le cou, lui ai caressé la colonne vertébrale... Mais est-ce que c'était vraiment ici que ça se passait... ou là... ? Ou bien encore, plus loin ? Si quelqu'un m'avait vu, à quatre pattes, en train de parler tout seul, d'embrasser l'herbe, il m'aurait pris pour un fou !

En revenant, j'ai claqué des doigts plusieurs fois... il courait vers la maison, s'immobilisait, revenait...

La nuit, j'ai fait des cauchemars. J'errais dans d'interminables couloirs envahis par des tuyaux, je cherchais partout mon chien... On me disait qu'il était par ici, par là... mais jamais je ne parvenais à l'apercevoir...

J'ai pris des somnifères.

Le lendemain, la journée a été un véritable cauchemar. Quand je ne pleurais pas, quand je ne parcourais pas la maison, le jardin, à la recherche des signes de présence, je regardais les photos que j'avais prises au cours de l'été où Mabrouk était si beau.

Il portait pourtant la mort en lui.

Est-ce parce que je le pressentais que j'avais tant de fois fixé son image sur la pellicule, alors qu'auparavant je ne le faisais que très rarement ?

Le jour suivant, il a fallu que je me rende aux studios de Levallois-Perret. La séquence que nous avions tournée à Gramat au cours de l'été devait passer à l'antenne et je devais la faire précéder par l'annonce de la mort de Mabrouk.

En montant dans ma voiture, j'ai vu des traces brunâtres sur le capitonnage des portières arrière. Le sang de Mabrouk. Il y en avait aussi sur l'une des vitres, là où il avait dû appuyer son museau. Sur la banquette arrière et sur le tapis de sol j'ai remarqué de petites touffes de poils.

Pendant le trajet, plusieurs fois, je me suis surpris à passer la main en arrière, entre les deux sièges, à la recherche du museau de Mab...

Arrivé devant les studios, j'ai remarqué sur le mur près du portail quelques taches de sang que Mabrouk y avait projetées en secouant la tête...

L'équipe de l'émission m'attendait devant l'auditorium. Tous étaient émus, tous aimaient beaucoup Mabrouk, et ma peine était aussi la leur.

J'avais rédigé quelques mots sur un papier.

Je devais les lire tandis que passaient à l'écran les images de Mabrouk. J'ai dû recommencer plusieurs fois car je ne parvenais pas au bout du texte tant ma gorge se serrait.

Sitôt le travail terminé, je suis reparti pour la campagne. Je voulais être près de sa tombe. C'est tout ce qui me restait de lui physiquement. Partout, il était avec moi, partout il me manquait. Je poursuivais mon pèlerinage, prêtant aux choses et aux êtres des rôles, des intentions... Je parlais à l'herbe, aux arbres, aux poules.

Je ne pouvais plus l'entendre, le sentir, le toucher. J'étais désemparé. Je n'avais plus rien à faire, ni à me soucier de sa santé ni de sa nourriture. Ma vie perdait tout rythme... car si l'on soumet nos animaux familiers à notre façon de vivre, ils nous forcent aussi à suivre leur cadence de vie, plus naturelle, moins infernale que la nôtre.

La mort de Mabrouk ayant suscité une émotion assez considérable chez les fidèles de « Trente Millions d'amis », nous avons décidé de lui consacrer une émission souvenir.

J'ai dû visionner pendant des heures des images de Mabrouk plein de vitalité et de joie de vivre. Le privilège et le plaisir de le revoir sans cesse alimentaient mon chagrin.

Aux extraits de films nous avons ajouté les témoignages de personnes qui l'avaient connu à des titres divers ; chacun l'évoquait à sa manière, selon sa sensibilité.

Didier Decoin, qui avait présenté plusieurs fois l'émission avec Mab, déclara : « Il y avait une multitude de petits chiens abandonnés, que l'on proposait d'adopter aux téléspectateurs, et aussi un perroquet, des lapins. C'était une espèce d'arche de Noé. Et au milieu de tout cela, ce qui était très touchant, c'était l'extrême gentillesse de Mabrouk, qui donnait l'impression qu'il prenait tout ce petit monde sous sa protection, surtout les jeunes chiots qui étaient affolés. C'est une leçon qu'il nous a donnée à tous, cette sollicitude envers les pauvres petits. »

Michel Drucker, qui avait animé l'émission de Noël de l'année précédente en compagnie de Mabrouk, exprimait un sentiment très proche : « Je l'ai trouvé attentif à tout ce qui se passait sur le plateau. Il y avait autour de nous beaucoup d'amis qui avaient amené leurs chiens, leurs chats. Mabrouk observait chacun avec le regard du chef ! Je suis absolument certain qu'il comprenait très bien ce qui se passait. Savoir que Mabrouk ne sera plus là m'a causé beaucoup de peine. »

Marcel Lesourd, le dresseur, soulignait ses qualités : « D'abord, il y a eu ce coup de foudre entre Jean-Pierre Hutin et son chien, qui a préludé à une belle histoire d'amitié et d'amour. Mabrouk, c'était d'abord un animal supérieurement intelligent, comme on en rencontre rarement, mais surtout, il agissait pour faire plaisir à son maître. Il existait une complicité inouïe entre eux. »

Jacques Balutin, qui prêtait sa voix à Mabrouk, devait simplement nous dire : « Je pense que Jean-Pierre Hutin avait un chien très exceptionnel, et je suis persuadé, avec tous les petits et les grands amis de l'émission, que tout le monde doit être infiniment triste de sa disparition. »

Dumonet, le grand chef parisien, avait été frappé par sa bonne éducation, sa discrétion : « Lorsqu'il arrivait dans mon restaurant, il se mettait sous la table de son maître et n'en bougeait plus. Peu de gens le voyaient, nul ne l'entendait. Moi, qui suis un peu difficile sur ce chapitre, je dois dire qu'il représentait vraiment le modèle des chiens bien élevés. »

José Giovanni devait donner un avis de professionnel et d'ami des bêtes : « Des animaux comédiens, il en existe, mais lui, ce n'était pas ce qu'on appelle un chien de cinéma : il avait un instinct profond pour comprendre tout ce que lui demandait son maître. J'ai eu beaucoup de plaisir à travailler avec lui et j'étais disposé à tourner des épisodes entiers. Malheureusement... La peine de Jean-Pierre Hutin, je la ressens bien : j'ai perdu un chien et j'ai souffert comme si j'avais perdu un enfant... »

Quand le résultat des analyses m'est enfin parvenu, j'ai appris que Mabrouk était mort d'un cancer du sang particulier, une maladie très rare, un cas sur 200 000 aux États-Unis. Il était condamné et une chimiothérapie n'aurait pu que le faire souffrir davantage sans prolonger sa vie.

D'une certaine façon, c'était une consolation. Le destin avait fait en sorte que ce chien exceptionnel, qui m'avait donné tous les bonheurs, avait succombé à une maladie exceptionnelle. Il était mort en pleine gloire. Peut-être y avait-il là une logique, une signification.

Des milliers de lettres venues de toute la France ont afflué à mon secrétariat, écrites aussi bien par des enfants, des personnes âgées, des hommes et des femmes de tous âges et de toutes conditions. Tous m'exprimaient leur peine d'avoir appris la mort de Mabrouk, me parlaient du chagrin qu'ils avaient eu eux-mêmes à la disparition de leur animal favori ou de l'angoisse qu'ils ressentaient à l'idée de perdre leur compagnon. Certaines lettres étaient accompagnées de dessins, de poèmes...

Je me souviens plus particulièrement d'une lettre signée « une fidèle admiratrice » et dont le texte était le suivant : « J'ai quinze ans, j'adore les chiens. La mort de Mabrouk m'a beaucoup touchée, je l'aimais beaucoup, je le considérais comme mon chien et quand j'ai entendu la triste nouvelle, j'ai été bouleversée. Je pense que je ne suis pas la seule qui vous écris et je compatis au chagrin de son maître. J'ai trois chiens et ne souhaite pour rien au monde les perdre. Mabrouk, je l'aimais et je l'aimerai toujours et il restera toujours dans mon cœur. »

D'autres lettres contenaient des passages particulièrement émouvants : « ... Je suis certain que Mabrouk, s'il n'est pas visible, est cependant présent à vos côtés, car l'amitié d'un chien se perpétue au-delà de la mort... » « Je vous prie d'excuser ces termes, mais Mabrouk c'était un peu notre chien à tous, lecteurs et téléspectateurs de " Trente Millions d'amis ". » « Je vous demande de ne pas changer le générique de l'émission, pour que je puisse voir encore et longtemps Mabrouk. » « Peut-être qu'un bon regard de chien vous touchera à nouveau et il prendra non pas la place de Mabrouk, mais perpétuera l'affection que vous lui portiez. »

Ces lettres, je les gardais près de moi, je les lisais, chacune révélait une sensibilité unique et, en même temps, toutes exprimaient un sentiment commun : l'amour pour un animal, avec tout ce que cela comporte de bonheur et de tristesse mêlés.

Avoir un autre chien ? Non, il n'en était pas question, cela aurait relâché le lien qui m'unissait à Mabrouk par-delà le temps et la mort, je ne songeais qu'à entretenir son souvenir, à pleurer son absence.

Je vivais dans un climat étrange, complètement replié sur moi-même.

A l'invitation d'amis, j'avais quitté mon appartement et j'étais allé vivre chez eux, avec leurs deux enfants qui étaient des copains de Mabrouk.

Et puis, brusquement, j'ai décidé de vendre ma voiture, cette voiture dont je n'avais pas voulu qu'on lave l'intérieur, pour qu'elle continue de porter les marques de mon chien, et j'ai chargé l'un de mes collaborateurs de s'en occuper.

Quand je garais le véhicule que j'avais loué en attendant, j'apercevais dans le parking ma CX, avec son avant en forme de nez de requin, qui avait été placée là en attendant un acquéreur. Dans l'état d'extrême sensibilité où j'étais, j'avais l'impression qu'elle me regardait d'un air renfrogné, peiné, et me disait : « J'ai transporté ton chien pendant des années, et voilà comment tu me remercies... tu m'abandonnes ! »

Après la vente, mon collaborateur a rapporté le tapis de sol arrière, dont le nouveau propriétaire n'avait pas voulu et l'a mis dans mon autre véhicule. Des poils de Mabrouk y étaient encore accrochés. C'était une sorte de rappel à l'ordre...

Les jours succédaient aux jours, les fleurs du jardin épanouies quand Mabrouk était encore vivant s'étaient fanées. J'allais voir Folie et restais de longs moments près de lui. Il me semblait que ce cheval, qui pourtant n'aimait pas beaucoup mon chien, était devenu gentil, qu'il comprenait ma peine, la partageait. En tout cas, il sentait mon état et s'adaptait à lui.

L'herbe a commencé de repousser sur les traces que Mabrouk avait imprimées en courant le long de la haie. Pourtant, je ne cessais d'évoquer tous les moments de joie et d'amour qui avaient ponctué notre vie commune depuis le jour où nous nous étions rencontrés...

II.

J'étais son maître

En 1974 fut voté un nouveau statut de l'O.R.T.F., dotant chacune des trois chaînes d'une certaine autonomie. Deux amis, Jean Cazeneuve et Jean-Louis Guillaud, furent nommés respectivement à la présidence et à la direction de T.F.1. Ils me contactèrent pour me demander des idées d'émissions. Ils étaient pressés, très pressés...

Je leur proposai d'en consacrer une à la science, à ses mystères, mais surtout à ce qu'elle deviendrait dans l'avenir et apporterait aux sociétés humaines.

L'émission dure encore et remporte un certain succès. Elle s'appelle « L'Avenir du futur ».

J'avais une autre idée en tête.

En diverses occasions, j'avais été frappé par un phénomène nouveau dans notre société : la présence de plus en plus importante d'animaux de compagnie. Ainsi, passant un jour devant un supermarché, j'avais aperçu à l'entrée une dizaine de chiens attachés. « Ils vendent des animaux maintenant ? » avais-je tout d'abord pensé. Mais vérification faite, il s'agissait simplement de chiens qui attendaient leurs maîtres faisant leurs achats à l'intérieur du magasin...

C'est alors que j'avais pris conscience que dans mon immeuble, trois ans plus tôt, j'étais le seul propriétaire de chien. Il y en avait quatre à présent ! Non seulement le nombre d'animaux de compagnie avait considérablement augmenté, mais il me semblait que notre attitude envers eux changeait. Ainsi, j'avais croisé plusieurs fois de jeunes gens tenant avec tendresse un petit chien dans leurs bras.

Dix ans plus tôt, on les aurait trouvés ridicules... ou efféminés, ce comportement étant réservé dans l'esprit des gens aux vieilles personnes ou, à la rigueur, aux jolies femmes très précieuses !

Si la télévision s'adressait aux amateurs de football ou de cuisine, pourquoi ne consacrerait-elle pas un peu de temps aux animaux et à ceux qui les aiment ?

Je présentai l'idée à J. Cazeneuve et J.-L. Guillaud. Le premier doutait un peu que les téléspectateurs soient intéressés par un tel sujet, le second se montra au contraire très enthousiaste.

Nous nous mîmes à la recherche d'un titre, opération ardue. Les plus fantaisistes nous vinrent à l'esprit, comme « Quatre pattes sur la une » et autres joyeusetés de ce genre. Ce fut J.-L. Guillaud qui trouva la solution : puisqu'il n'y avait pas loin de trente millions d'animaux familiers en France, pourquoi ne pas intituler l'émission : « Trente Millions d'amis » ?

Après plusieurs mois de préparation, j'avais formé mon équipe, mené des enquêtes, défini les buts de l'émission : valoriser l'image de l'animal de compagnie auprès du public, insister sur son rôle bénéfique, sur l'affection qu'il nous dispense, dénoncer ce que nos comportements, nos habitudes ou nos coutumes ont parfois de cruel à son égard.

Nous voulions, dans la grisaille du quotidien, dans un monde en proie à l'angoisse et à l'affrontement, apporter chaque semaine une demi-heure de tendresse et d'amour, montrer que tout n'était pas si noir ici-bas, que les animaux nous procurent une rare joie de vivre, nous distraient, nous amusent. Tendresse, humour, indignation, tels seraient nos trois maîtres mots.

J'ÉTAIS SON MAÎTRE

La première émission fut lancée en janvier 1976.

Ce même mois naissait quelque part en France un petit chiot qui allait entrer dans ma vie et dans celle de millions de téléspectateurs sous le nom de Mabrouk...

Mabrouk est arrivé dans mon existence parce que j'ai été pris au piège de mes propres images...

Combien de fois, dans nos reportages, n'avais-je pas filmé des bergers allemands ? Chiens d'aveugles, chiens d'avalanche, chiens dressés à la recherche des personnes disparues. J'admirais leur efficacité, leur beauté, mais surtout leur caractère droit, généreux et franc. Ils se donnaient entièrement à leur tâche, sans retenue, sans réticence, et avaient la réputation d'être très attachés à leurs maîtres.

Un jour, je n'ai pu résister au désir de posséder un chien aussi parfait. Faisais-je la fameuse « projection narcissique », qui soutient que l'on choisit un chien pour flatter sa propre image de marque !

« Tel chien, tel maître » trouve peut-être une justification dans le domaine de l'éducation, mais pour ce qui est du physique... A-t-on jamais vu un maître vouloir ressembler à son boxer, ou estimer que son mignon corniaud donne une juste idée de sa personnalité ?

Les circonstances de la vie faisaient que depuis plus d'un an je vivais seul, m'étant séparé de ma famille, ce qui peut-être accroissait mon désir d'avoir un tel compagnon.

Je voulais une femelle. Beaucoup de mes amis vantaient les qualités des chiennes. Et puis j'avais en tête un certain nombre de clichés : la chienne s'attache profondément à son maître, de la même manière que la fille préfère son père.

Konrad Lorenz, le fondateur de l'éthologie, c'est-à-dire de la science qui étudie le comportement des animaux, et dont j'avais été un fervent lecteur, me fortifiait dans ces convictions : il conseillait au futur acquéreur de préférer une chienne, celle-ci ayant, selon lui, plus de personnalité, de finesse, de fidélité qu'un chien.

Cette chienne, je voulais qu'elle n'ait que quelques mois seulement. Là encore, la lecture de Lorenz m'influençait. Plus l'animal est jeune lorsqu'il fait la connaissance de son maître, affirmait-il, plus son attachement à celui-ci est profond, faisant allusion à cette fameuse « imprégnation » des oies à qui, sortant de l' « œuf », on peut faire aimer indistinctement un canard, un chien ou un pare-chocs de voiture.

Je ne contredirai pas le prix Nobel pour « l'imprégnation » des oies, mais pour les chiens, son observation est très dépassée, si elle a jamais été vraie.

Je savais donc avec précision ce que je voulais : un petit chiot de deux à trois mois, de sexe féminin.

Et puis les événements se sont étrangement enchaînés.

J'ai commencé à contacter les vétérinaires, les dresseurs que je connaissais, leur demandant de m'indiquer le meilleur élevage. J'étais pressé, très pressé, comme on l'est quand on prend une décision qui est l'aboutissement soudain d'une longue maturation, d'une somme de désirs accumulés.

C'était une erreur — ma première — du moins si l'on se réfère à la conduite qu'on devrait observer lors de toute acquisition, c'est-à-dire bien réfléchir et attendre le moment le plus favorable.

— Ce n'est pas encore la bonne période, me disaient mes amis, les portées ne sont pas arrivées, tu dois patienter.

Patienter ? Il n'en était pas question.

S'il n'y avait pas de petits, tant pis, je prendrais une chienne plus âgée. Mon désir d'avoir un chien était si impératif que je trouvais de bonnes raisons pour abandonner mes premières exigences. Après tout « elle » serait déjà propre et je pourrais l'emmener partout avec moi sans problème.

Tant pis pour Lorenz.

Et puis, Jimmy avait huit mois quand il était arrivé.

Un vétérinaire m'a alors fait savoir que dans l'élevage dont il s'occupait il y avait des femelles qui pourraient me convenir.

En sa compagnie et celle de Marcel Lesourd, le dresseur, nous nous sommes rendus dans cet élevage, situé à l'ouest de Paris.

On m'a montré plusieurs femelles âgées de six mois.

Elles étaient très mignonnes, pataudes, touchantes, mais évidemment ne ressemblaient pas à ces superbes animaux que j'avais filmés et dont l'image me hantait. Oui, bien sûr, elles grandiraient, mais...

Je ne parvenais pas à me décider.

— Peut-être préférerais-tu un chien ? m'a suggéré le vétérinaire.

L'éleveur est intervenu.

— J'en ai quelques-uns, mais ils sont plus âgés : ils ont de dix à quatorze mois.

J'ai réfléchi.

Oui, bien sûr, dix à quatorze mois, c'était déjà beaucoup, surtout pour un berger allemand, qu'il faut dresser. Tous les spécialistes recommandent de commencer son éducation très tôt.

— Allons les voir.

L'éleveur a fait sortir de sa cage un très beau berger à poils roux, qui a fait quelques pas devant nous. Il avait fière allure, était très calme.

— On l'appelle Jim l'Américain, a dit l'éleveur.

Oui, évidemment il était magnifique, ce chien, et semblait avoir bon caractère.

Il fallait vérifier ses réactions, tester un peu son contact avec moi.

J'ai crié :

— Jim !

Immédiatement, il m'a rejoint, est resté près de moi.

— Il est très bien, a apprécié Lesourd.

Il avait raison.

Pourtant, je n'arrivais pas à me décider.

Un second chien est apparu.

Celui-là était costaud, imposant.

— Il dépasse les standards, a observé le vétérinaire. En ce moment, on produit des chiens un peu plus petits, plus légers.

Au sortir de sa cage, l'animal s'était mis à courir en tous sens, comme un fou, sans nous prêter attention.

— Celui-là, c'est Matiger, a dit l'éleveur.

Matiger ? Drôle de nom. Je devais en avoir l'explication plus tard.

Je l'ai appelé :

— Matiger !

Le chien s'est immobilisé, a dressé l'oreille puis est venu vers nous, mais sans manifester de hâte excessive.

— L'autre est beaucoup mieux, m'a fait observer le dresseur. Celui-ci n'a pas l'air très obéissant...

— Et puis il est plus âgé que l'Américain, il a quatorze mois, a renchéri l'éleveur.

Quatorze mois... Pourquoi diable se trouvait-il encore là, dans cet élevage ? Pourquoi n'avait-il pas encore trouvé acquéreur ? Voilà les questions que j'aurais dû poser, logiquement.

Mais rien ne s'est déroulé logiquement, ce jour-là.

J'avais les yeux fixés sur ce chien.

Quelque chose se passait, quelque chose d'indéfinissable, qui me faisait le regarder, lui prêter plus d'attention qu'aux autres, me sentir attiré vers lui. Pourquoi vers lui, alors que son compagnon était beaucoup plus brillant !

J'ai demandé à Lesourd de tester un peu ses aptitudes en lui faisant faire une courte promenade, pendant que je retournais voir les femelles.

J'ÉTAIS SON MAÎTRE

C'est vrai qu'elles étaient mignonnes. Pourtant, je ne parvenais à en distinguer aucune. J'avais l'esprit ailleurs. J'attendais le retour de ce chien...

Quant le dresseur est revenu, il m'a dit :

— Il a l'air bien équilibré, et d'un bon caractère. Il sait marcher à la laisse.

Quant au vétérinaire qui connaissait bien tous les chiens de cet élevage, il m'a informé de son dossier médical :

— Il n'est pas standard zéro, c'est-à-dire impeccable, mais standard un. Ses hanches sont un peu faibles. Il a une petite dysplasie légère, mais qui est fixée et ne devrait plus évoluer. Évidemment, ce n'est pas un chien de concours...

— Ça m'est égal, je ne le destine pas à la compétition.

— En ce cas, il est très bien. Tu pourras en faire un chien sportif, il est costaud.

J'ai réfléchi quelques secondes.

C'est vrai qu'il était imposant, son poids devait avoisiner les quarante kilos. Moi qui n'avais possédé jusqu'ici que des chiens de taille modeste, j'allais vivre avec cette espèce d'ours... d'autant plus impressionnant qu'il était tout crotté, car on était en hiver.

— Je le prends.

Comme je n'avais pas songé à emporter une laisse, l'éleveur m'a donné un bout de ficelle.

Tandis que je payais, le chien a dû faire une bêtise car l'éleveur s'est fâché contre lui, l'a saisi par la peau des reins et celle du cou et l'a brutalement projeté en avant. Le chien a couiné.

Je lui ai passé la ficelle autour du cou, l'ai fait monter à bord de ma voiture et nous sommes partis.

C'est ainsi que, désirant une très jeune femelle, je me suis retrouvé avec un mâle presque adulte...

J'ai su par la suite que le dresseur, impressionné par Jim l'Américain, était retourné le lendemain en faire l'acquisition. Mais l'animal devait le décevoir. Il avait dû s'en séparer au bout de deux ans.

Nul n'est prophète dans son métier...

Et me voilà donc roulant, avec à l'arrière cette grosse masse crottée qui dégageait une odeur plutôt désagréable.

J'étais légèrement inquiet.

Comment cela allait-il se passer entre nous ?

Certes, avec Jimmy, j'avais acquis une certaine expérience du dressage. Je lui avais appris à marcher à mon pas, à ne pas traverser sans mon ordre, etc. Mais Jimmy ne pesait pas lourd face à ce berger allemand.

D'abord il fallait le faire laver.

J'ai arrêté la voiture à proximité de la boutique d'un toiletteur.

Nous sommes descendus... et un dogue nous a croisés, tenu en laisse.

Mon chien — maintenant c'était mon chien, pour le meilleur et pour le pire — a montré les dents avec le désir évident d'en découdre, tout en aboyant. Pour la première fois, j'entendais sa voix. J'ai pensé : pourvu qu'il ne soit pas trop agressif, qu'il ne me pose pas de problèmes...

Nous sommes entrés chez le toiletteur, à qui je l'ai confié, puis je suis allé manger un sandwich.

Quand je suis revenu, l'employé le promenait à la laisse, sur le trottoir. Il y avait un peu de soleil. Le chien avait pris une belle apparence.

— Alors, comment cela s'est passé ?
— Il est un peu nerveux.
— Nerveux ? Qu'est-ce que vous entendez par là ?
— Au début il a été sage, mais à la fin il s'est énervé. Il ne voulait plus rester dans la baignoire. C'est pour cela que je le promène un peu, ça le calme et en même temps il sèche.

Nerveux, mon chien était nerveux... Bah, ce n'était

sûrement pas très important. Il y a des chiens qui aiment l'eau, d'autres pas.

J'ai payé et fait en même temps l'acquisition d'un collier et d'une laisse, puis nous sommes remontés dans la voiture, direction rue de Rennes, où se trouvaient mes bureaux.

La voiture garée, je lui ai fait faire un petit tour. Il a uriné comme une femelle, sans lever la patte[1]. Nous sommes montés dans mon bureau. Il me suivait silencieusement.

Dès que nous sommes arrivés au premier étage, la nouvelle que j'avais un chien s'est répandue et mes collaborateurs, les secrétaires, ont envahi mon bureau pour le voir.

— Comment allez-vous l'appeler ? me demanda quelqu'un.

J'y avais pensé toute la matinée, et une amie qui connaissait mon côté « Afrique du Nord » m'a suggéré : « Puisqu'il faut un M, pourquoi pas Mabrouk ? »

Mabrouk, en arabe, est un mot qui accompagne un présent. Cela veut dire à peu près : que ce cadeau te fasse plaisir toute la vie. C'était une bonne idée.

Mabrouk, donc, était sage, il ne bougeait pas, couché dans un coin de la pièce, un peu sur le qui-vive. On l'a caressé, il se laissait faire. Je me sentais un peu rassuré, il avait l'air sociable.

Il nous a tous regardés avec des yeux malheureux... s'est levé....

... Et a déféqué sur la moquette du bureau.

Une énorme diarrhée, une mare immense qui dégageait une odeur pestilentielle !

---

1. J'ai su depuis que les bergers allemands ne lèvent la patte qu'assez tard par rapport aux mâles des autres races, entre 14 et 20 mois. Ils semblent rester des bébés plus longtemps que les autres, même sur le plan de la compréhension des ordres. Ils se rattrapent largement ensuite...

La panique m'a saisi. Je ne savais pas quoi faire. Je lui ai crié : « Non, non, sale chien ! », ce qui n'était pas d'une grande efficacité, il faut l'avouer.

Il était là, tout penaud...

J'ai appelé en hâte la concierge pour qu'elle nettoie. Tout le monde a quitté rapidement les lieux et je me suis retrouvé avec cette masse de chair et de poils... Ça commençait vraiment bien ! Comment avait-on pu me vendre un chien de cet âge qui ne soit pas propre ?

Plus tard, j'ai mieux compris ce qui s'était passé.

Tout d'abord, ayant vécu pendant un certain nombre de mois dans une cage chez l'éleveur, il s'était habitué à faire ses besoins n'importe où. Ensuite, je l'avais brusquement arraché à son univers habituel, ce qui l'avait quelque peu traumatisé. Enfin, le bain qu'il venait de prendre n'avait pas arrangé les choses : comme cela arrive quelquefois, ce séjour dans l'eau avait provoqué une diarrhée.

Pendant que la concierge s'agitait avec seau, éponge et serpillière, je me désolais. Mais qu'est-ce qui m'avait pris ? J'étais tranquille, libre, et me voilà maintenant avec, sur les bras, ce chien qui ne m'exprime aucune affection particulière... En revanche, il vient de salir ma moquette toute neuve, et inutile d'espérer qu'il ne recommencera pas ! Ça promet... Bon sang, comment vais-je m'en sortir ?

Le soir, je lui ai fait faire une petite promenade dans l'avenue longeant le champ de courses d'Auteuil. Il marchait sagement à mes côtés sans manifester le moindre sentiment, ni hostlité ni affection, rien. Parfois, j'avais l'impression qu'il m'observait du coin de l'œil, mais c'était peut-être une idée.

En tout cas, il n'avait pas réédité son petit exploit intestinal, cela au moins était positif.

Nous sommes montés à l'appartement et, dans la cuisine, je lui ai donné son repas, un peu d'aliments lyophilisés et de la viande. Il chipotait, mais enfin il mangeait.

J'avais envie de lui parler, mais en même temps je ne

savais pas trop quoi lui dire. Sans doute fallait-il attendre encore avant de trouver les mots qui nous conviendraient, à tous les deux. Car je crois que chaque animal suscite en nous un langage différent, à l'image des rapports toujours originaux qui se créent.

Ensuite, il m'a suivi dans le salon, mais prudemment, comme s'il se méfiait.

Il a fait quelques petits tours de reconnaissance... et c'est alors que je me suis rendu compte qu'il boitait un peu de la patte avant. Mon Dieu, qu'est-ce que c'était encore que ça ? J'en avais eu assez pour ma journée, on verrait demain...

Je l'ai enfermé dans la cuisine et je me suis couché.

Le lendemain matin, quand je l'ai trouvé, il était allongé sur le ventre. La cuisine n'est pas petite, mais j'avais quand même l'impression qu'il l'envahissait. Quel monstre !

Il m'a regardé sans bouger, sans broncher.

Immobile comme une statue, le regard parfaitement inexpressif.

Un sphinx. Pas très rassurant finalement.

— Bonjour, Mabrouk, bonjour, mon vieux !

Je lui ai préparé à manger. Par moments, je sentais son regard sur moi. Il m'observait comme la veille au soir.

Je l'ai laissé manger et suis allé travailler dans le salon.

Cinq minutes plus tard il est arrivé et s'est couché sur le ventre, le museau sur ses pattes avant, à quelques mètres de moi.

Il fallait partir pour le bureau. Quand j'ai enfilé mon manteau, il s'est redressé et s'est assis.

Je lui ai passé son collier et nous sommes descendus. Il n'avait plus l'air de boiter. Hier, dans mon énervement, j'avais dû me faire des idées.

Au bureau, il s'est bien tenu. Il avait élu domicile dans un coin en face de moi et n'en bougeait pas. De temps en temps, je le regardais, il me regardait, je lui disais quelques mots, il semblait attentif... nous étions courtois comme deux individus réunis dans un ascenseur et qui ne parlent pas la même langue. La journée s'est déroulée normalement.

Le soir, après sa promenade, je l'ai fait entrer de nouveau dans la cuisine.

Au moins, une question était réglée : ses besoins, il les faisait dans la rue. Pour le reste, pas moyen de se prononcer, il était indéchiffrable.

Comme j'avais un problème épineux à résoudre, je me suis mis au travail et j'ai oublié l'existence de mon nouvel hôte.

Le lendemain matin, l'esprit toujours préoccupé par mon problème, j'ai pris mon bain, me suis habillé et dirigé vers la cuisine pour y prendre mon petit déjeuner...

... La vue du chien m'a presque fait sursauter.

Pendant que je prenais mon café, il me suivait des yeux, mais ne manifestait aucun plaisir de me retrouver.

Comme j'étais prêt à partir, je lui ai dit :

— Tu viens ?

Il n'a pas bougé.

Sans cesser de le regarder, j'ai reculé dans le salon.

Alors...

Alors il a levé la tête, le museau pointé vers le plafond et s'est mis à hurler.

C'était un hurlement qui lui venait des entrailles, un hurlement du fond des âges, un cri rauque et profond de loup.

Puis il a rampé vers moi.

Je me suis accroupi. J'avais la gorge serrée, je sentais que quelque chose d'essentiel, d'irrémédiable, était en train de se passer.

Toujours rampant, il est arrivé à mes pieds.

Je lui ai caressé doucement la tête.

Alors, comme un fou, il a léché mes mains, s'est remis

à hurler, en se mettant sur le dos, en roulant d'un côté à l'autre.

J'étais à la fois ému et un peu inquiet, je lui disais :

— Qu'est-ce que tu as mon chien, qu'est-ce que tu as ?

Et soudain, j'ai su qu'il voulait me dire : « Ça y est, je suis à toi, je t'aime... »

Et il a continué à me donner les marques de son bonheur, de son amour, et à réclamer les miennes. Je le caressais, le pinçais, lui donnais des tapes, tandis qu'il se roulait en tous sens et me mordillait les mains en poussant de petits gémissements.

J'avais presque envie de pleurer tant j'étais bouleversé, je comprenais que le pauvre, transplanté dans un monde nouveau avec ce type qu'il ne connaissait pas, avait passé quarante-huit heures à l'observer, à se demander qui il était, ce qu'il lui voulait, s'il lui ferait du mal ou du bien... et puis la libération était venue, l'angoisse s'était envolée, laissant déferler ce besoin d'affection et de tendresse qu'il portait en lui.

C'était la fête, c'était l'adhésion totale...

Nous sommes descendus, nous avons fait une promenade. J'avais avec moi un chien totalement différent, vif, joyeux. On était des amis désormais.

Ce matin-là il est vraiment devenu Mabrouk et nous sommes partis ensemble dans la vie.

Sa vie à lui, celle qu'il avait menée avant notre rencontre, j'ai pu, grâce au hasard, m'en faire une idée.

Je l'avais depuis huit mois quand un certain Matiger a pris contact avec le mensuel *Trente Millions d'amis* pour nous proposer une nouvelle rubrique.

Matiger, c'était le premier nom de Mabrouk.

Cet homme avait-il un lien quelconque avec mon chien ?

Je l'ai appelé au téléphone.

— Oui, m'a-t-il répondu, ce Mabrouk, votre chien, je le connais pour l'avoir possédé autrefois.

En effet, cet homme élevait des bergers allemands pour les présenter à des concours. Il avait commencé à tester ce chiot de six mois. Il le prenait le week-end chez lui et le rendait à l'éleveur le lundi matin.

L'animal était assez prometteur, mais à huit mois, les radios de contrôle avaient révélé la présence d'une dysplasie. Le chiot était perdu pour les concours : cette légère déformation des hanches sans gravité modifierait son allure et lui interdirait dès lors de remporter le moindre prix. Il ne pourrait pas davantage être utilisé comme étalon.

Alors un matin, Matiger avait rendu définitivement le jeune berger allemand à qui l'éleveur avait donné provisoirement le nom de son premier propriétaire.

Ainsi, du jour au lendemain, Mabrouk, qui connaissait l'attachement à un maître, s'était retrouvé abandonné dans l'univers carcéral de ce grand élevage, parmi une centaine d'autres chiens. Chaque jour, une main anonyme déposait de la nourriture dans sa cage.

On peut imaginer à quel point ce changement de vie avait dû le traumatiser.

Ce « laissé-pour-compte » avait grandi comme une bête délaissée. Sans doute le présentait-on de temps à autre à d'éventuels acquéreurs. Mais ce gros chien n'était pas très attrayant, comparé aux petits chiots qui venaient vers eux tout penauds et attendrissants. Ceux-là, ils pourraient les cajoler, puis les dresser sans craindre de leur part la moindre résistance...

Tout cela expliquait bien pourquoi Mabrouk avait mis quarante-huit heures avant de m'accorder sa confiance !

La découverte du passé malheureux de mon chien, que l'éleveur s'était bien gardé de me révéler, me le rendait encore plus proche. Pourtant, en même temps, l'inquiétude s'insinuait dans mon esprit.

Toujours d'après Konrad Lorenz, le chien, selon qu'il

possède une hérédité chacal ou loup, aura envers ses maîtres un comportement différent.

Chez le chien d'origine chacal, le maître est un substitut des géniteurs et l'animal restera toujours envers lui dans un état de dépendance quasi enfantine. Il pourra sans inconvénient changer de maître, s'attachant également à chacun d'eux, avec qui il entretiendra ces mêmes relations de dépendance. Chez le chien d'origine loup — comme Mabrouk — en revanche, le maître est vécu à l'image du chef de meute. L'animal entretient avec lui un lien étroit et unique « d'égal à égal » qui l'empêchera de s'attacher ensuite à un autre maître.

C'est généralement vers l'âge de trois ou quatre mois que le chien d'origine loup vit sa période « impressionnable », c'est-à-dire celle où il s'attache à un être humain pour le meilleur et pour le pire.

Konrad Lorenz cite à l'appui de sa thèse un exemple vécu : pour l'anniversaire de sa femme, il acheta une chienne chow-chow (ascendance loup) et demanda à sa cousine de la garder jusqu'à la date prévue, soit une semaine plus tard. Ces sept jours allaient suffire pour « imprégner » l'animal. La femme de Lorenz eut toujours l'impression que la petite chow-chow était en quelque sorte « en visite » dans sa maison. Quand la cousine venait, c'est à elle que la chienne réservait ses plus grandes démonstrations d'affection.

J'avais peur que Mabrouk, qui avait vécu avec Matiger entre quatre et huit mois, c'est-à-dire durant cette fameuse période « d'imprégnation », ne conservât dans sa tête l'image d'un seul maître. N'étais-je, malgré toutes les marques d'affection et de fidélité qu'il m'avait prodiguées, qu'un maître de remplacement ? J'avais besoin d'être rassuré.

Aussi j'ai proposé à Matiger une confrontation entre nous trois, afin d'en avoir le cœur net.

Quelques jours plus tard, alors que Mabrouk était

couché dans un coin de mon bureau, j'ai fait entrer son « ancien maître ».

Mabrouk s'est levé, est venu le flairer courtoisement, puis l'a accompagné jusqu'à son fauteuil, comme il le faisait pour tout visiteur.

Ensuite, parfaitement indifférent, il est allé se réinstaller dans son coin.

Cet homme, il l'avait tout simplement oublié... à moins qu'il ait voulu me rassurer, me dire : « Ne t'en fais pas, c'est toi que j'ai choisi, c'est toi que j'aime... »

Depuis, tout en portant le même intérêt aux travaux de Lorenz, je me méfie un peu des observations trop hâtivement érigées en dogmes. Dans les rapports entre l'homme et l'animal existent des zones de mystères qui échappent à notre analyse et devant lesquelles les théories les plus séduisantes volent souvent en éclats...

Si j'ai apporté un grand changement dans la vie de Mabrouk, il a aussi profondément transformé la mienne.

Quand on veut le bonheur de son chien, on modifie peu à peu son comportement. D'abord, il y a les gens chez qui il est difficile de l'emmener, car vous savez qu'ils n'aiment pas les animaux ou qu'ils ont eux-mêmes un chat ou un chien.

Si je devais rendre visite à des personnes possédant des chiens, je me séparais généralement de Mabrouk, car la rencontre risquait de mal se passer. Chaque chien considère que l'appartement de son maître est aussi son domaine à lui et estime essentiel d'y faire régner son autorité — à moins que le visiteur soit un bébé chien.

Au-dessous de six mois, les chiots ne risquent rien. Ils sont sacrés même s'ils sont deux fois plus gros que leur hôte plus âgé. La taille ne fait rien à l'affaire, il y a là un respect fondamental, un sens de l'interdit, qui persiste même si le chiot se comporte de façon insupportable.

Les chiennes jouissent également très souvent de ce même privilège auprès des mâles. Il y a là quelques bonnes leçons à tirer pour l'espèce humaine, qui se prétend tellement supérieure aux autres...

Certains chiens, cependant, sont acceptés sans problème dans le domaine des autres : c'est qu'ils manifestent des signes de soumission par tout un jeu de mimiques, de postures symboliques que Konrad Lorenz a très bien décrites. Ce comportement n'est pas spécifique à l'espèce canine.

La plupart des animaux supérieurs, lorsqu'ils se sentent en état d'infériorité ou en passe d'être vaincus par un adversaire, acceptent avec simplicité ce fait, et par des signes transmis depuis des millénaires, s'empressent d'en aviser leur futur vainqueur. Ce rite évite d'aller jusqu'au meurtre.

Il y a chez ces animaux un respect de la vie à l'intérieur de l'espèce que les hommes sont loin de pratiquer ! Il est vrai que l'intelligence de ces derniers leur a permis d'inventer des armes capables d'anéantir des populations entières pour des motifs qui souvent, au fil de l'Histoire, apparaissent comme dérisoires, tandis que les animaux, eux, ne tuent que pour manger, à l'intérieur d'un vaste équilibre naturel que l'on appelle la chaîne biologique.

— Ce qui distingue la société humaine de la société animale, c'est le crime, affirmait à la télévision un célèbre avocat.

Peut-on imaginer en effet une abeille ouvrière tuant la reine pour lui prendre sa place ? Là encore, les animaux nous donnent quelques leçons, pour peu que l'on s'intéresse à l'étude de ces êtres vivants qu'on appelle inférieurs...

L'ennui, avec Mabrouk, c'est qu'il avait l'esprit d'un chef de meute. A ce titre, il entrait sans complexe et sans manifester de soumission dans le domaine de l'autre, ce qui n'était pas sans poser de problèmes...

Quand les risques de bagarre m'obligeaient à le laisser à la maison, il me fallait affronter des regards et des mimiques fort éloquents : « Pourquoi m'abandonnes-tu ? Ne suis-je pas un bon chien ? Je t'obéis, je vais partout où tu me dis, je ne bouge pas et voilà que tu me laisses là ! »

Je me sentais alors terriblement coupable. Ces scrupules vous amènent peu à peu à refuser bien des dîners en ville. Quant aux sorties au théâtre ou au cinéma, le fait de posséder un chien les complique singulièrement. Pour ma part, je n'ai jamais laissé Mabrouk m'attendre dans ma voiture, de peur que, même bien garée, elle soit heurtée par un autre véhicule.

Tout cela a fait que je suis sorti de moins en moins, repoussant le moment où j'irais voir un film en me persuadant que je le verrais plus tard, ou bien à la télé, ou encore, depuis l'avènement du magnétoscope, que j'achèterais ou louerais des cassettes vidéo.

Insensiblement, de mois en mois, plus Mabrouk prenait de l'importance dans ma vie, moins mes obligations de sortir devenaient impératives. J'avoue à ma grande honte que je suis un cas extrême et que bien des maîtres ne sont pas à mon image, heureusement pour eux et pour l'activité artistique et sociale des cités.

Parfois j'envie les possesseurs de chats, car avec ces gentils compagnons, pas de véritables ennuis : ce sont des animaux indépendants, qui vivent leur vie. Ce qui est terrible avec les chiens, c'est que vous ne pouvez ignorer le pathétique besoin qu'ils ont de vous, leur totale dépendance.

Ils jouent, en tout cas, consciemment ou non, une comédie telle que vous êtes obligés de vous en rendre compte.

Pour être tout à fait juste, j'ajouterai qu'ils constituent aussi un excellent alibi pour les casaniers et les pantou-

Une des premières photos « officielles » de Mabrouk. Il était entré dans la vie de Jean-Pierre Hutin depuis quelques mois. C'est le début de son histoire (ou de sa légende).

Mabrouk était de tous les voyages. Son maître ne se déplaçait plus qu'en voiture pour ne pas se séparer de son compagnon.

L'émission de Jean-Pierre Hutin n'a jamais eu de présentateur, sauf exceptionnellement à Noël. C'est Mabrouk qui était le lien entre le public et Jean-Pierre Hutin. Il était aussi un peu le chien des téléspectateurs. Mabrouk est ici entouré des vedettes de l'émission de Noël 1979, présentée par Léon Zitrone.

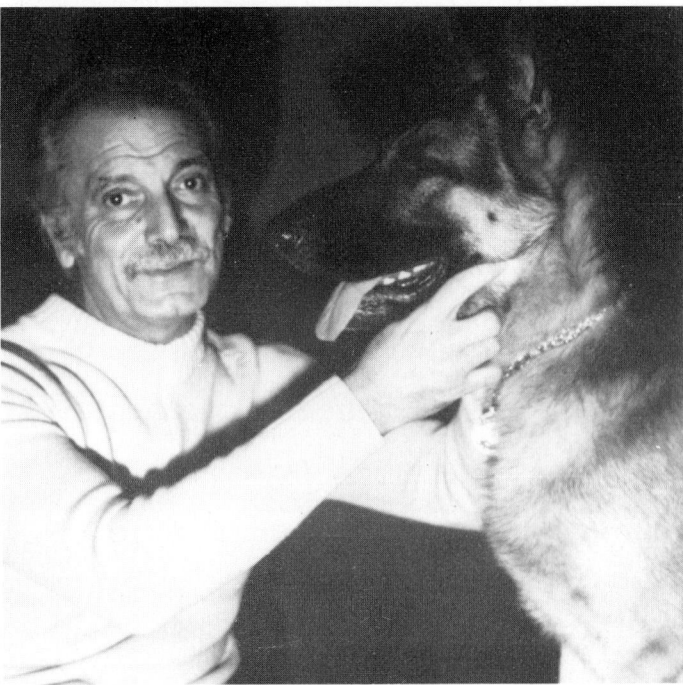

Mabrouk avait rencontré à de nombreuses occasions Georges Brassens qui était un fidèle de l'émission.

Mabrouk était Rintintin dans un *remake* tourné par le célèbre metteur en scène José Giovanni. Ce dernier avait été étonné par les dons d'« acteur » du chien.

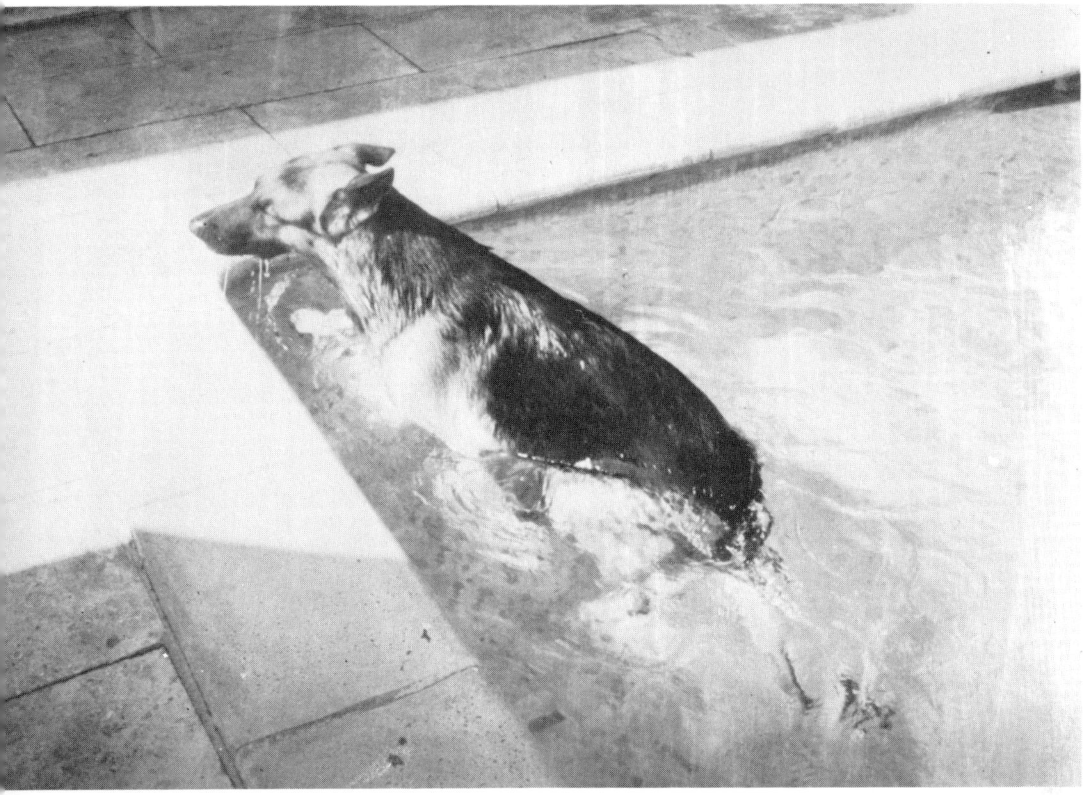

Mabrouk, vedette de télévision, était aussi un chien comme les autres. Il aimait jouer et adorait les enfants.

Jean-Pierre Hutin et son chien.
C'est à quelques pas d'ici que Mabrouk sera enterré.

Le dernier et le plus émouvan
reportage de Mabrouk
C'était à Gramat au mois d'août
où il devenait chien d'honneu
de la gendarmerie

Formant une haie d'honneur, les moniteurs de ski de Megève entourent Mabrouk, premier chien à avoir remporté un chamois d'honneur en descendant la piste noire.

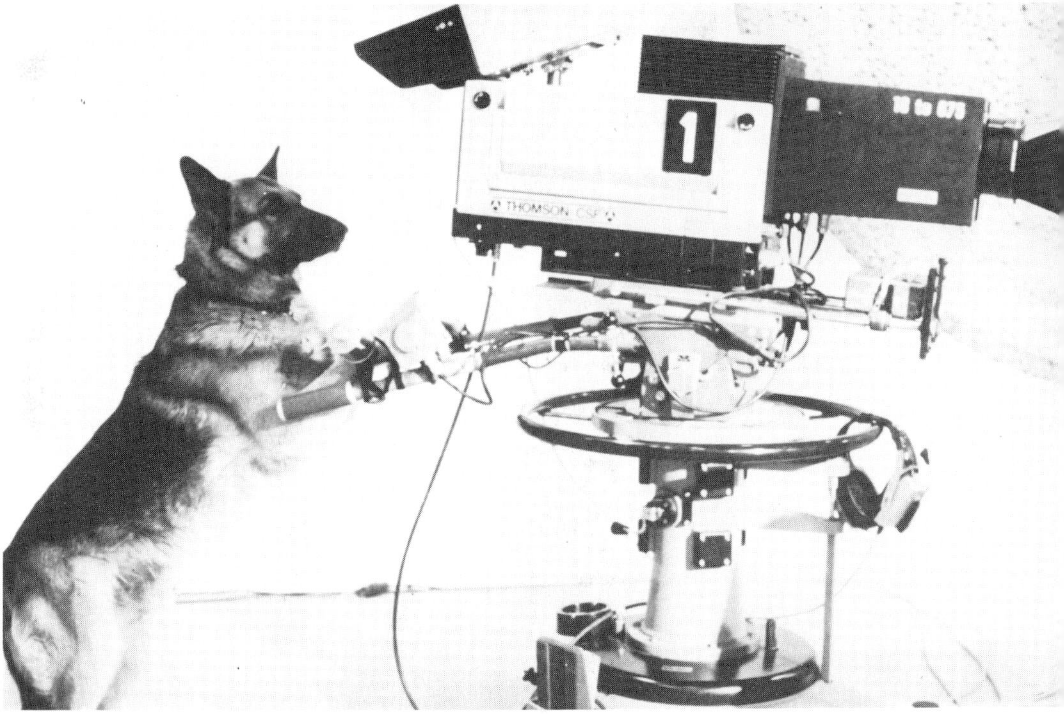

Mabrouk ne quittait jamais son maître. Il le suivait partout dans son travail. Il arrivait parfois que les techniciens de la télévision lui cèdent leur place le temps d'une photo. Ici, sur le plateau de "L'Avenir du futur".

Voici la dernière photo de Mabrouk. C'était à Charleville-Mézières, le 12 septembre 1982, deux jours avant sa mort.

flards. Je ne suis pas à ranger dans cette catégorie, car je « sortais » beaucoup, auparavant... je suis de ceux que leur chien, peu à peu, fait vivre en ermite.

Pour les vacances, je vais généralement chez des amis où je sais que mon chien pourra dormir dans une autre pièce que ma chambre. Mais si je suis obligé d'aller à l'hôtel...

Quand j'ai pris la direction de la société de tourisme, j'ai dû me battre contre certains directeurs d'hôtels ou de résidences liés à cette société qui refusaient les animaux de compagnie. Pour faire cesser cet ostracisme, je leur tenais ce raisonnement : « Vous refusez les chiens ? En ce cas, refusez aussi les enfants, car il suffit d'une vingtaine de gosses qui crient et courent entre les tables, dans la salle à manger, pour que l'ambiance devienne intenable. »

Il m'arrivait aussi de leur citer la lettre célèbre d'un hôtelier, à qui un client avait demandé s'il acceptait les chiens dans son établissement, et qui avait répondu en substance : « Oui, j'accepte les chiens, dans mon hôtel, car jamais un chien n'est entré saoul en réveillant tous les autres clients, jamais il ne s'est servi de mes rideaux pour nettoyer ses chaussures, jamais il ne m'a volé une seule serviette, jamais il n'a brûlé la moquette avec sa cigarette. »

J'ai finalement obtenu gain de cause et nos amis à quatre pattes ont été admis dans ces établissements.

L'A.D.A.C. (Association de défense des animaux de compagnie), que j'ai fondée, lutte entre autres pour que chiens et chats puissent accompagner leurs maîtres dans les hôtels. Encore faut-il que les propriétaires de chiens sachent les éduquer correctement afin de ne pas fournir des armes aux ennemis des animaux...

Les hôteliers qui accueillent les bêtes et en ont une certaine expérience vous diront d'ailleurs que, paradoxalement, les gros chiens leur posent moins de problèmes que les petits, car leurs maîtres sont plus conscients de la gêne qu'ils peuvent provoquer et les tiennent mieux en main.

En même temps qu'il changeait mes habitudes, Mabrouk a fait pénétrer l'angoisse dans ma vie.

Quand on possède un chien, le souci de sa santé vous oblige à un examen clinique continuel. Puisqu'il ne peut vous dire : « J'ai mal ici... ou là... », il faut se fier à des signes : a-t-il bien mangé ? Est-ce qu'il a bien fait ses besoins ? Ne souffre-t-il pas de diarrhée ou de vers ? Moi qui ai toujours eu des chiens bien élevés, je suis indulgent envers certains maîtres qui, parce que leur animal est malade, n'osent l'interrompre pendant sa défécation sur le trottoir.

Pour autant, ce cas particulier ne justifie pas le comportement de milliers de propriétaires de chiens qui les laissent sans aucun complexe souiller le trottoir... Il est vrai que les villes n'ont fait que très peu d'efforts en faveur de nos amis à quatre pattes. Sans doute pour les urbanistes, les animaux de compagnie n'existent-ils pas ?

Lorsque j'ai suggéré aux pouvoirs publics de planter des arbres dans un certain nombre de rues, afin que leurs feuilles apportent de la chlorophylle à mes concitoyens et leur offrent un lieu d'aisance pour les chiens, on m'a répondu que la place manquait et que les arbres occasionneraient une gêne pour les passants.

Quelque temps plus tard, les trottoirs se sont hérissés de parcmètres. Cette fois l'administration ne s'est pas souciée du confort des passants. Il est vrai que les parcmètres rapportent de l'argent. Ah, si seulement les arbres étaient aussi rentables, nos villes ressembleraient à des forêts !

La cité, si peu faite pour l'animal, est également source d'angoisse pour le propriétaire d'un chien.

Il y a les pots d'échappement, qui sont à la hauteur de

l'animal et vont emplir ses poumons d'oxyde de carbone, il y a le goudron des trottoirs, il y a cette circulation folle où à tout moment un accident peut se produire. Mais surtout existe cette hantise : dans cet univers monstrueux, dans ce labyrinthe de rues, si mon chien s'échappe, pourrais-je jamais le retrouver et lui comment fera-t-il pour revenir vers moi ? C'est parce que je connais l'importance de cette anxiété que nous avons créé la rubrique « S.O.S. animaux perdus ».

C'est aussi l'une des raisons pour lesquelles je suis devenu propriétaire d'une résidence secondaire.

J'avais besoin d'une forteresse pour m'y enfermer avec mon chien...

La première fois que Mabrouk est venu dans cette vieille maison que j'ai achetée et rénovée, il s'est passé un événement qui m'a beaucoup appris sur les capacités de réflexion de mon chien.

Ce jour-là, l'un de mes fils était venu me voir accompagné de Tommy, son épagneul, qui faisait bon ménage avec Mabrouk. Le voisin nous ayant proposé de venir prendre un verre, nous avons laissé les deux chiens sur la pelouse en leur ordonnant de ne pas bouger et nous avons fermé le portail en partant. De chez le voisin, par-dessus la haie, j'ai pu observer que Mabrouk et Tommy étaient bien sages et je leur ai renouvelé l'ordre de rester où ils étaient. Quand nous sommes ressortis de chez notre hôte, Mabrouk était là, qui m'attendait devant le portail. Il avait enfreint les ordres, mais avec quelle astuce !

J'ai pu reconstituer son itinéraire : pour venir me rejoindre, il avait cherché une ouverture dans la clôture et ne l'avait finalement trouvée qu'à un point exactement *opposé* à la direction que j'avais prise. Cela ne l'avait pas décontenancé ni empêché de trouver son chemin dans ces lieux nouveaux pour lui. Tommy, lui, était resté, peut-être par obéissance, peut-être par manque d'ingéniosité...

Ma vieille maison, je me suis empressé, en bon

Français que je suis, de la clôturer soigneusement afin d'y être tranquille et complètement heureux...

Enfin, pas tout à fait. Car il m'arrivait d'être inquiet, pour des raisons qui peuvent paraître absurdes. Sur la décharge publique située à une dizaine de kilomètres de chez moi, on avait placé des appâts empoisonnés contre les rats. Depuis, dans les environs, étaient morts des lapins, un chat, un chien. Des oiseaux avaient transporté puis lâché ces appâts dans la nature. Alors je songeais avec effroi que cette substance mortelle pourrait tomber sur ma pelouse. C'est en partie par crainte de ce danger que j'ai appris à Mabrouk à ne jamais manger ce qu'il trouvait à terre.

Une autre menace (et un autre combat de l'A.D.A.C.) : le code rural. Selon l'un de ses articles, archaïque et barbare, et qu'il faut modifier, un chat ou un chien divaguant à plus de deux cents mètres d'une maison est considéré comme un animal nuisible et furieux et peut donc être abattu !

Selon un autre article, les pièges à mâchoires destinés aux animaux nuisibles peuvent être placés à plus de deux cents mètres d'une maison et plus de cinquante mètres d'un chemin. Certes, ils ne doivent être tendus que la nuit, mais dans la pratique, nous savons qu'il n'en est rien d'après les nombreuses lettres qui nous sont parvenues à ce sujet.

Ces dangers font que la moindre escapade de votre chien peut tourner au drame, de même qu'ils limitent singulièrement vos promenades avec lui, et encore bien plus avec vos enfants, qui courent les mêmes risques.

La campagne est tout de même un havre de paix. On ferme le portail, on s'installe devant sa télé ou on lit un bon livre, on n'a plus de souci à se faire pour son chien.

C'est aussi un degré de plus dans la coupure avec ses contemporains. A partir du moment où vous avez une maison à la campagne, vous refusez davantage encore les invitations en ville, car vous voulez profiter au maximum de votre nouveau logis. Quant aux amis qui possèdent également une résidence secondaire, ils viennent vous voir pour la pendaison de la crémaillère, vous leur rendez visite à votre tour... et chacun reste ensuite chez soi à goûter aux joies champêtres.

On peut dire que c'est grâce à Mabrouk que j'ai découvert la nature.

A quarante ans, j'ai commencé à apprendre. J'étais un homme des villes, je n'avais jamais eu de vrai contact avec la campagne. Ainsi, je croyais que toutes les plantes étaient vivaces et j'étais incapable de distinguer à leurs feuilles un abricotier d'un pommier. Lors de mes premières tentatives de jardinage, j'ai pris sans méfiance des orties à pleines mains — alors que Mabrouk, lui, dénichait sans hésitation les herbes qui convenaient pour se purger.

Je crois avoir aussi accédé à une certaine sagesse et « cultivé mon jardin ». La nature vous impose son rythme de vie, lent et immuable. On ne pense plus en années, mais en saisons. On plante des arbres qui continueront de vivre après votre mort tandis que votre compagnon animal, qui vous suit pas à pas comme un enfant, mourra sans doute sous vos yeux.

Cette prise de conscience de la relativité du temps incline à un certain détachement. On apprécie tous les instants. Se promener dans le jardin, le soir, avec son chien qui se roule sur l'herbe dans la rosée qui naît, observer les étoiles, procurent des joies simples et pourtant indicibles.

La campagne, ce sont aussi les bêtes sauvages ou domestiques, la possibilité de les voir vivre autour de soi. Mabrouk avait ses préférences, ses sympathies, et se montrait en général un chien très civilisé, sauf peut-être avec un chat du voisinage. Il est vrai qu'avec celui-là, il avait un vieux compte à régler.

Dans les premiers temps de notre installation, mon chien a fait des trous dans le gazon tout neuf. Bien sûr, je l'ai tancé vertement. Par la suite, j'ai découvert d'autres trous dans un parterre de fleurs et, tout naturellement, je les ai attribués à Mabrouk. Cette récidive lui a valu une tape.

Le doute m'est venu quand j'ai découvert mon chien face à un matou roux qui, protégé par les arbustes, le narguait. Une lueur de meurtre dans l'œil, Mabrouk s'est précipité sur lui et l'intrus n'a dû qu'à son agilité d'avoir la vie sauve.

Ces trous dans le parterre de fleurs n'étaient pas l'œuvre de mon chien, j'en étais convaincu maintenant, car ses grosses pattes auraient fait plus de dégâts; ils avaient été creusés par le chat. J'avais été injuste envers ce pauvre vieux Mab, et je m'en voulais. Je ne pouvais pas plus lui expliquer que je m'étais trompé, que j'avais eu tort, qu'il n'avait pu, lui, me faire connaître son innocence...

De l'autre côté de la haie, il y a le chien du voisin, Poppins. Mabrouk pratiquait avec lui un jeu rituel. Longeant les lauriers, ils allaient et venaient en courant de part et d'autre, s'immobilisant de temps en temps pour se fixer entre les branches, muscles tendus, avant de repartir de plus belle. Peu à peu, les traces de ce manège se sont imprimées dans l'herbe au point de former un chemin.

Les chevaux de l'école d'équitation voisine faisaient aussi partie de notre univers, en particulier Folie et Mars. J'ai dit comment Mabrouk, qui ne ressent aucun complexe d'infériorité face à ses grands camarades, entretenait des relations particulières avec chacun, antipathie et même agressivité envers Folie, amitié et confiance totale envers Mars.

Et puis, il y a les poules...

Dans le fond du jardin se trouvait un poulailler et j'ai décidé de jouer au « petit fermier ».

Je me suis rendu au marché de Gisors pour acquérir mon « cheptel ». Il me fallait tout d'abord une pondeuse.

La volaillère a sorti une poule rousse d'un panier d'osier, lui a palpé le « croupion », puis a affirmé péremptoirement au Parisien néophyte que j'étais : « Ah Monsieur, celle-là sera une bonne pondeuse, je le sens, il est là, l'œuf ! » Elle exagérait quelque peu car cet œuf, Mémère — ainsi l'ai-je baptisée le jour suivant — a mis trois mois à le pondre.

Ce même jour, j'ai fait l'acquisition de deux poulettes, une brune et une rousse, que j'ai tout logiquement appelées Négrette et Roussette.

De retour chez moi, j'ai aussitôt confectionné une sorte de perchoir devant le poulailler, pour qu'elles fassent connaissance et ne se sentent pas dépaysées. Cette nuit-là, une pluie diluvienne s'est abattue sur la campagne. Inquiet pour mes nouvelles pensionnaires, je suis allé voir ce qu'elles devenaient.

Apparemment, elles avaient fait connaissance, car, sous la pluie battante, perchées sur la barre, elles se tenaient serrées l'une contre l'autre, image de la solidarité, mais aussi de la désolation la plus totale. Il ne leur était pas venu à l'idée de s'abriter dans le poulailler à moins d'un mètre derrière elles... Je les ai traitées d'imbéciles, mais par la suite, je me suis aperçu qu'elles étaient plus malignes qu'il n'y paraissait.

Rapidement, elles se sont laissé apprivoiser, Mémère la première. C'est la plus intelligente, la plus audacieuse, le *leader*. Les deux autres, Roussette et Négrette, plus hésitantes, sont toujours à sa remorque. Mémère sait repérer de loin si je viens les mains vides ou avec du pain. C'est elle qui saute le plus haut pour picorer le croûton que je tiens dans mes doigts.

Si j'en crois le taupier, elle n'est pas seulement une poule sauteuse, mais également causeuse, car lorsqu'il vient faire son travail, elle le suit en lui tenant de longs discours. C'est elle aussi, lorsque Mabrouk s'élance pour les éloigner, quand elles se sont approchées trop près de la maison, qui se sauve la dernière en criant le plus fort.

Le jardinier m'a apporté un jour une quatrième poule,

d'un beau noir, car nous étions convenus de partager les œufs de la basse-cour. Malheureusement, celle-là est une folle. Elle reste des jours entiers enfermée dans le poulailler. Elle veut couver. Quand on lui donne des œufs germés par un coq, elle abandonne son poste au bout de quelques jours.

Une blanche, également amenée par le jardinier, a connu un sort tragique. Elle était très mignonne, très « marquise » dans ses manières. Alors que les autres, quand elles viennent manger un morceau de pain dans la main, picorent sans trop se soucier de mes doigts, la blanche au contraire prenait le pain très doucement — jamais je n'ai vu une telle douceur chez une poule.

Hélas, un jour, j'ai apporté à ma basse-cour un reste de *corned-beef*. La blanche a écarté toutes les autres et s'est jetée voracement dessus. Je n'y ai pas prêté attention, persuadé que les animaux sentaient instinctivement ce qui est bon ou mauvais pour eux. Le lendemain, on a trouvé la marquise morte d'indigestion, victime de son amour immodéré pour le *corned-beef*.

Quand on l'a enterrée près du poulailler, le jardinier était très triste. Pourtant, rien ne l'inclinait à s'attacher aux animaux. Je crois que c'est Mabrouk qui, par sa présence, l'a introduit dans ce domaine de sensibilité. A présent, il aime les quatre poules qui restent comme je les aime moi-même. Il faudra que je lui dise que nous ne sommes pas seuls dans ce cas et que nous avons un illustre prédécesseur : le général de Gaulle. Selon son gendre, le général Alain de Boissieu[1], en effet on élevait des poules à la Boisserie et le Général interdisait qu'on les tue. A table, quand on servait du poulet, il exigeait qu'on lui présente l'étiquette indiquant la provenance de l'animal, afin de bien constater qu'il ne s'agissait pas de l'une de ses pensionnaires.

---

1. Alain de Boissieu, *Pour servir le général*, éd. Plon, Paris, 1982.

J'ÉTAIS SON MAÎTRE

Avec certains hôtes de passage, nous avions aussi, mon chien et moi, des relations suivies.

Quand il découvrait un hérisson, Mabrouk aboyait pour me dire : « Viens voir » (j'ai toujours été persuadé qu'en langage chien, il me tutoyait). Je le mettais en garde : « Ne touche pas ! » car il pouvait se piquer la patte. Nous observions le hérisson se rétracter, se mettre en boule.

A une époque, nous avons hérité de toute une famille, le père, la mère et trois enfants. L'un de ces derniers, qui était plus petit que les autres, se rétractait moins vite. Je lui grattouillais doucement le ventre en faisant de petits bruits de bouche. Pour le reconnaître, je lui ai dessiné une petite croix au marker sur le ventre. Par la suite, quand je le rencontrais, ce même petit bruit de bouche faisait qu'il ne se « hérissait » pas à mon approche. C'était Arsène, comme je l'avais baptisé.

Quand je disais à Mabrouk : « Viens, on va voir Arsène », il savait parfaitement que c'était de ce hérisson que je parlais. Il ne lui faisait pas de mal et Arsène ne se mettait pas en pelote face à lui, à la différence des autres membres de la famille. Le hérisson a grandi et la croix a disparu...

Je ne connais guère d'espèces d'animaux qui n'aient trouvé quelqu'un pour les aimer.

Nous avons fait passer à l'antenne, dans « Trente Millions d'amis », les propriétaires d'animaux les plus divers et les plus insolites, des lions aux serpents, en passant par les fennecs. Je me souviens en particulier d'une dame qui affirmait que, tous les soirs à la même heure, une araignée venait lui rendre visite. L'animal l'écoutait lui parler et, quand elle avait fini, repartait. Presque tous les animaux ont besoin d'amour à un moment de leur existence. Je ne sais pas s'ils reconnaissent notre identité d'être humain, mais ils sentent en tout cas qu'une autre vie va vers eux, s'intéresse à eux, leur offre sa chaleur...

Très vite s'est posé avec Mabrouk le problème du dressage — je dirai plutôt celui de l'éducation. Je voulais que nous puissions vivre en harmonie et, pour cela, il fallait qu'il s'adapte, qu'il puisse acquérir un certain nombre d'habitudes. Et puis, dans la mesure où c'était un gros chien, il fallait « l'avoir bien en main » afin qu'il ne cause ni peur ni mal autour de lui.

Un teckel qui se sauve et va mordiller les jambes d'un passant, c'est déplaisant mais pas très dramatique. En revanche, un berger allemand ou un doberman qui ne sont pas maîtrisés, c'est idiot et criminel. Non seulement ils effraient les gens, mais ils peuvent créer des incidents.

On ne confie pas sans précaution — écrivais-je dans un éditorial, dès 1977 — une Ferrari à une vieille bonne sœur habituée à sa 2 CV, car il est à craindre qu'au premier coup d'accélérateur, elle percute un mur... Il est de bon ton de se gausser des maîtres genre « assis-couché-debout-au pied ! » et pourtant ce sont eux qui ont raison. Un gros chien doit être totalement, je dis bien *totalement* dominé, et pour arriver à ce résultat, il lui faut une gymnastique quotidienne.

Tous les moments sont bons, tous les exercices aussi, dans la mesure où ils sont adaptés aux lieux dans lesquels ils se déroulent. En outre, ils présentent pour le chien deux avantages primordiaux. D'abord, ils satisfont son besoin ludique, inscrit dans son patrimoine génétique, qui en fait un joueur de sa naissance à sa mort. Ensuite, ils montrent que le « maître adoré » s'occupe de lui, lui parle, lui donne l'occasion de prouver son amour, son envie de faire plaisir.

Combien d'êtres humains souhaiteraient que ceux

qu'ils aiment leur parlent, se préoccupent d'eux, leur montrent qu'ils existent[1].

Obtenir une soumission complète d'un chien de grande taille ou d'aspect imposant est donc une nécessité impérieuse, le reste n'est que littérature.

Bien sûr, nous sommes en démocratie et tout le monde est libre d'acheter le chien qu'il veut, mais je considère comme de dangereux irresponsables les maîtres — si l'on peut dire — volant littéralement à la remorque d'un molosse qui les promène au gré de sa fantaisie et de la laisse.

Les gros chiens doivent, beaucoup plus que les autres, manifester une obéissance totale, d'autant plus, j'en suis convaincu, que leur équilibre psychologique le demande. Aussi vaut-il mieux, avant d'en faire l'acquisition, être certain qu'on saura se faire obéir.

Ce problème devient encore plus aigu quand on possède plusieurs de ces gros animaux, car malgré l'emprise qu'on peut avoir sur eux, ils ne tardent pas à vivre en meute et, s'excitant les uns les autres, à adopter un comportement plus agressif. Ce n'est d'ailleurs pas là une attitude propre à la gent canine : les hommes, on le sait, lorsqu'ils sont en bande, se laissent aller à des actes incontrôlés — et que dire des foules à qui l'on attribue douze ans d'âge mental ?...

Pour autant, il ne faudrait pas exagérer la gravité des périls que les chiens font courir à la population. Alors que le week-end le plus banal se solde par des dizaines de morts de la route, le moindre incident dramatique provoqué par un chien revêt un caractère sensationnel.

Pourtant, si l'on examine les statistiques, ce genre d'événement, pour tragique qu'il soit, est loin d'être fréquent. Mais les médias s'en emparent et les montent en

---

1. A cette solitude, à cette indifférence dans lesquelles vous enferme « l'autre » correspond peut-être ce désir d'une présence animale.

épingle, des versions fantaisistes circulent et, en particulier, on incrimine souvent les bergers allemands. Or, pour chacun des cas survenus ces dernières années, nous avons mené une enquête très soigneuse au terme de laquelle il s'est avéré qu'il ne s'agissait que très peu souvent de vrais bergers allemands inscrits au Livre des Origines Françaises (L.O.F.), mais de bâtards, de cousins.

Les véritables bergers, possédant un pedigree, ne dépassent pas dans notre pays le nombre de 150 000 alors que leurs cousins, volontiers désignés sous la vague vocable de « chiens-loups » sont plus de 700 000. Qu'il y ait parmi eux des individus déséquilibrés me semble une probabilité évidente.

Les vrais bergers allemands, s'ils sont fragiles du point de vue physique, ont fait l'objet de la part des éleveurs, je l'ai déjà précisé, d'une sélection impitoyable qui a éliminé les sujets présentant des atteintes caractérielles.

Il est troublant aussi de constater que les victimes de ces drames sont fréquemment des enfants ou des personnes âgées, c'est-à-dire des êtres sans défense, qu'on peut qualifier d'une certaine manière d'irresponsables. Je me souviens de deux cas récents. Dans le premier, une vieille dame passait son temps à exciter, avec un bâton, un chien enfermé dans une propriété. Un jour, il a pu s'échapper et s'est précipité sur elle. Dans le second cas, des parents avaient laissé leur bébé à l'intérieur de la maison en compagnie de trois chiots de cinq mois. L'enfant se trouvait sur un divan, qui habituellement était leur domaine réservé. Les jeunes chiens, attirés par l'odeur d'urine et d'excréments, ont commencé à mordiller les couches du bébé, à les déchirer. L'enfant n'était rien d'autre pour eux qu'un jouet, une poupée. Leurs canines étant particulièrement acérées à cet âge, l'une d'elles à coupé l'artère fémorale, provoquant la mort du malheureux bébé.

Dans ces deux exemples, les propriétaires des animaux

étaient fautifs : le premier avait laissé la possibilité à son chien de s'échapper, le second avait abandonné un nourrisson seul avec des chiots. Souvent, lorsque se produisent de tels drames, on voit le maître de l'animal commettre le geste fou de l'abattre, comme s'il voulait exorciser sa propre culpabilité...

La plupart des incidents provoqués par les chiens sont heureusement moins tragiques. Les compagnies d'assurances affirment que l'on compte 500 000 morsures par an. Je m'inscris résolument en faux contre ce chiffre et j'attends qu'on m'en fournisse des preuves tangibles. Cela dit, il n'en est pas moins vrai qu'il existe un problème et que la corporation des facteurs, par exemple, peut à juste titre se plaindre des maîtres qui n'ont pas su convenablement dresser leurs animaux.

Faire l'éducation de son chien n'a pourtant rien de particulièrement ardu. J'ai tiré de mon expérience un certain nombre de recettes, de savoir-faire, que j'ai trouvés parfois instinctivement, parfois par hasard.

Les ai-je vraiment trouvés ? Je crois plutôt qu'il s'est produit un peu ce qui se passe lorsqu'on fait du judo, un sport que j'ai pratiqué longtemps : à un certain moment, des enchaînements de gestes nés de l'entraînement font qu'on exécute une prise que l'on croit nouvelle. Mais quand on interroge un maître, on s'aperçoit que cette « prise » existait déjà et qu'on l'a seulement réinventée...

Pour faire de son chien un animal de bonne compagnie, il faut l'aimer, vouloir le comprendre, montrer de la patience, de l'obstination. Mais cela ne suffit pas : l'animal doit redouter la colère de son maître s'il enfreint des interdits. Il faut donc à la fois qu'il l'aime et le craigne, sentiments qui ne sont pas antagonistes en l'espèce, mais au contraire complémentaires.

Des études ont démontré que le chien recevant à bon escient caresses et punitions reste toujours très équilibré. L'expression « qui aime bien, châtie bien » trouve ici sa parfaite illustration. Inversement, l'animal à qui on laisse faire ses quatre volontés, par indifférence ou par peur de le faire souffrir en le punissant, accumulera les bêtises dans la recherche inconsciente d'un interdit qui lui servirait de garde-fou, de sécurité. Il pourra même finir par présenter des troubles psychiques au point d'en devenir dangereux.

Très tôt, il faut inculquer de bonnes habitudes à son chien. Il ne faut pas oublier que, si un être humain a des centres d'intérêt multiples, le chien, lui, pense à son maître, l'observe, rêve de lui sans doute. Son esprit tout entier est occupé par ce « dieu » et le bonheur suprême d'être auprès de lui.

Si vous n'y prenez garde, le jeune chien sera sans cesse à vos côtés, que vous alliez dans le salon, la salle de bains, voire un lieu plus intime si vous laissez la porte ouverte. Il escaladera les fauteuils, le canapé, montera sur votre lit et, bien sûr, voudra dormir avec vous. Si vous possédez un teckel ou un yorkshire, vous pouvez trouver cela très attendrissant et accepter sa compagnie.

L'inconvénient, c'est qu'à partir de ce moment, il exigera partout ce qui sera devenu un droit pour lui, montera sur le lit à l'hôtel, sur les banquettes dans le taxi, sur les fauteuils des amis à qui vous rendez visite, et vous contribuerez ainsi à augmenter le nombre de ceux qui affirment que les bêtes ne sont vraiment pas supportables.

Donner ces mêmes permissions à un chiot de berger allemand, de doberman ou de labrador vous entraînera dans des situations encore plus embarrassantes. Il ne faut jamais oublier que ce touchant petit bébé, cette touffe de poils si mignonne qui vous lèche et vous suit partout, deviendra bientôt une masse envahissante...

Quand les mauvaises habitudes seront prises, vous aurez beaucoup de mal à les faire passer : au nom de quoi, se dira votre chien, mon maître m'interdit-il soudain ce qu'il me permettait précédemment ? L'esprit des animaux est « carré », si je puis dire, et non pas compliqué comme le nôtre. Les rites, s'ils ne sont pas interrompus, s'y impriment durablement.

Je me souviens d'une émission de télévision où l'on voyait un énorme tigre et un puma obéissant au moindre jappement d'un petit épagneul breton qui semblait exercer sur eux une suprématie totale. Cette situation étonnante résultait du fait que l'épagneul était déjà âgé de deux ans quand le bébé tigre et le bébé puma étaient devenus ses compagnons.

Le chien s'était comporté en maître, les réprimandant quand ils avaient fait une bêtise. Les deux petits fauves l'avaient admis comme tel et, au fil des années, cette image était restée gravée dans leur esprit. Bien qu'ils soient devenus adultes, ils continuaient de subir le joug de l'épagneul.

Une autre circonstance où il faut songer à l'avenir : quoi de plus réjouissant, de plus émouvant, qu'un petit chien qui fait fête à son maître et bondit vers lui ! Quand il sera grand et que ses pattes seront bien boueuses, on appréciera beaucoup moins... et que diront vos amis, que votre chien, s'il est un tant soit peu sociable, accueillera de la même manière ? Les dresseurs enseignent à l'animal à s'asseoir quand le maître arrive et à rester dans cette position quand celui-ci vient lui dire bonjour. Je ne suis pas pour ma part partisan de le discipliner à ce point en l'empêchant de s'extérioriser. Mieux vaut lui apprendre à modérer ses ardeurs, par exemple en l'habituant à poser ses pattes avant sur votre bras tendu.

Il ne faut donc pas vous laisser aller aux sentiments qui vous submergent quand un petit hôte pénètre dans votre vie. Il faut se « durcir » et traquer les mauvaises habitudes. Il monte sur un canapé ou un lit ? Aussitôt vous le prenez par la peau du cou et le posez par terre. Il n'appréciera pas du tout ce traitement et se sentira très vexé, d'autant plus que vous le gronderez, non pas gentiment, mais en faisant passer dans vos intonations les accents d'une colère « redoutable ».

Il faut qu'il ait l'impression que vous êtes réellement furieux.

C'est là l'un des principes de base de l'éducation d'un chien, surtout quand il est jeune : il faut aussi bien exagérer, amplifier les marques du mécontentement après une faute, que les manifestations de la satisfaction devant un acte jugé méritoire.

Cette technique, je l'ai vue pratiquer au plus haut degré à l'égard des chiens d'avalanche. Quand ils les entraînent à rechercher un homme caché sous la neige, les C.R.S. ou les gendarmes s'astreignent à « jouer le jeu » : ils manifestent affolement et angoisse durant les recherches, puis quand l'homme est retrouvé, expriment la joie la plus totale, la plus exubérante. Les chiens comprennent alors qu'il s'agit d'un acte vraiment important et non pas d'un jeu, et sont prêts désormais à faire preuve d'une grande conscience professionnelle.

Pour ce qui est de notre chiot escaladant canapés et lits, si malgré les gronderies il s'obstine, envoyez-lui quelques tapes légères. On dit parfois qu'il est préférable d'utiliser pour la correction une baguette ou un journal plié, car la main qui frappe risque d'être confondue avec celle qui caresse. Je ne suis pas persuadé que cette précaution soit absolument nécessaire : les animaux, en effet, sont beaucoup plus subtils qu'on ne le croit et font sûrement la différence, d'autant que l'intonation de la voix les y aide.

Malgré réprimandes et punitions, l'animal persévère dans sa désobéissance ? Il faut continuer à l'enlever par la peau du cou, à le gronder, à lui donner de petites tapes. Combien de fois ? Vingt fois, quarante fois. Vous avez face à vous l'être le plus aimant et le plus obstiné du monde. Montrez-vous plus aimant et plus obstiné que lui. Pensez à tous les désagréments qu'il pourra vous causer plus tard si vous le laissez faire maintenant.

Le chien ne dit jamais non, mange ce qu'on lui dit de manger, obéit quand on lui donne des ordres et, quoi que vous fassiez, vous aime. Vous le frappez ? Il vous aime toujours, même si vous êtes le plus injuste des maîtres. Car frapper, comme caresser, c'est reconnaître son existence. « Aime-moi, bats-moi s'il le faut, semble-t-il dire, cela prouve que j'existe pour toi. »

Il en va presque de même pour les enfants que leurs parents maltraitent. Ils conservent leur amour pour ceux que la société, elle, cloue au pilori. Car il y a quelque chose de pire que les coups, c'est l'indifférence, c'est-à-dire la négation de l'existence de l'autre...

Il y a là la manifestation de ce qu'on peut appeler un état d'innocence : jamais le chien ou l'enfant ne cherchent à se venger, l'un de son maître, l'autre de ses parents. Mais quand l'enfant devient adolescent, un désir de revanche lui vient, et la vie se charge d'accumuler en lui amertumes et rancœurs. Le chien, lui, dans ce domaine, reste un enfant de sa naissance à sa mort. Un vieux chien conserve par exemple le goût du jeu. Combien de gens m'écrivent : *Il est resté avec nous quatorze ans, c'était notre enfant...* Voilà une phrase qui revient souvent dans le courrier et que je comprends fort bien. Oui, le chien est resté dépendant, confiant, direct, pur...

Pourtant, il possède une sagesse profonde. Ainsi que je l'ai dit, il aime que tout soit paisible et déteste ce qui trouble l'ordre des choses. Quand, dans un couple, s'installe la mésentente, éclatent des disputes violentes, on voit le chien manifester son mécontentement, tenter de s'interposer, puis se réfugier ensuite dans son coin pour fuir ces affrontements. Il se conduit là en sage.

On peut donc dire qu'il est à la fois enfant et adulte.

C'est pourquoi prétendre qu'une année d'existence pour un chien (ou un chat) correspondrait à sept ans de vie pour un humain ne présente aucun sens. Cette affirmation ne repose sur aucun fondement scientifique et relève plutôt d'une notion cabalistique (le chiffre sept...). Non, le cycle de la vie du chien, du chat ou de n'importe quel animal, est spécifique et échappe à ces calculs.

Le grand malheur pour les animaux de compagnie — et surtout pour ceux qui les aiment — est que ce cycle de vie est plus court que le nôtre. Sa brièveté fait que nous ne pouvons pas ne pas songer à la mort.

La mort d'une mère nous laisse seuls dans l'univers. Cet être qui nous a donné la vie était le lien avec tout ce qui nous avait précédé au monde, nous protégeait, faisait écran entre nous et notre propre mort. Mais cette disparition, avec tout le chagrin qu'elle peut causer, participe de la logique humaine. Elle était inéluctablement programmée avant la nôtre.

La mort d'un animal favori, qui nous fait ressentir une douleur physique intense, primaire, totale, nous frappe comme celle d'un enfant. Elle est tout aussi illogique : il n'est pas dans la destinée normale d'un père de voir disparaître son fils ou sa fille, il n'a pas à subir ce chagrin. Dans le cas du chien ou du chat, nous portons au départ notre future peine : nous savons que nous vivrons leur mort.

Bizarrement, nous repoussons cette réalité de notre esprit, nous ne l'acceptons pas et notre chagrin à leur disparition se doublera d'un sentiment de révolte contre l'injustice qui nous frappe. Notre détresse sera d'autant plus intense que nous nous serons mutuellement donnés l'un à l'autre. Non seulement nous enterrerons cinq ans, dix ans de vie commune, mais des milliers, des centaines de milliers de moments de complicité et d'affection.

J'ai parfois le sentiment que nos compagnons familiers, ces « machines à aimer », sont comme consumés par l'intensité de l'amour qu'ils nous donnent et que la force de leurs sentiments, de leur passion, ne pourrait s'accorder avec une existence plus longue.

En même temps, la cruelle brièveté de leur vie nous rappelle que nous ne faisons, nous aussi, qu'un éphémère passage sur terre...

S'il est plus facile de donner de bonnes habitudes à un chiot, on peut obtenir beaucoup aussi d'un chien plus âgé, Jimmy et Mabrouk en sont de bons exemples.

Ainsi est-il possible d'adopter un chien de dix-huit mois ou même de deux ou quatre ans à la S.P.A. et d'obtenir de lui qu'il se comporte parfaitement, car il donnera son amour et voudra plaire à tous prix à ce nouveau maître qui l'a arraché au malheur et au désarroi.

Les chiens sont rarement irrécupérables sauf ceux atteints de troubles physiologiques.

Je me souviens de l'histoire que nous avait racontée Claude Manceron qui, à la mort de sa chienne berger allemand, s'était rendu dans un refuge de la S.P.A. « On m'a mis en présence, disait l'historien, de boules de poils qui ressemblaient les unes aux autres. Impossible de distinguer leur caractère, leur tempérament, de fixer son choix... et puis, isolée dans une cage, il y avait Sidonie, qui ne supportait pas le contact des autres chiens. Sur son carnet d'abandon figurait cette mention très curieuse : " Chien qui déteste les hommes. " En réalité, c'est son maître qui ne l'aimait pas et l'avait abandonnée. Nous avons vu toute la détresse du monde dans ses yeux et nous l'avons adorée. Elle aussi nous adore. Il faut se méfier des jugements hâtifs. »

Dans les habitudes à prendre pour établir une vie commune harmonieuse, on ne songe pas assez à la prévention. Par exemple, le petit chiot qu'on regarde avec attendrissement quand il mordille la main ou les chaussures deviendra peut-être un chien mordeur.

Lorsqu'il joue à ce jeu, il ne se fait pas seulement les dents, il cherche à tester jusqu'où il pourra aller, c'est déjà un combat qu'il vous livre. Si l'on songe que les mâchoires d'un gros chien peuvent exercer une pression de 600 à 800 kg au cm^2 on voit le danger auquel on risque de s'exposer ou d'exposer les autres si on n'arrête pas rapidement ce manège chez le chiot. Il faut donc le réprimander, de plus en plus sévèrement, lui donner de petites tapes si nécessaire et, s'il s'obstine, lui pincer les bajoues ou lui serrer la bouche au-dessus des canines pour bien lui montrer que la main de l'homme peut aussi faire mal.

Ici encore, c'est un match au *finish*...

Malgré ces précautions, il arrive que des chiens adultes mordent. Il faut préciser que certaines races ont le coup de dent facile, comme le cocker, ou le bas-rouge, qui demandent à être surveillés de près.

Lorsqu'il s'agit d'un chien important, mieux vaut faire appel à un dresseur, qui pour le discipliner lui apprendra, paradoxalement... à mordre. Mais l'animal le fera sur ordre, et donc, saura s'en abstenir quand on ne le lui demandera pas.

Ce principe est lui aussi assez proche du judo ou de l'aïkido où l'on utilise la force de l'adversaire pour l'accompagner, l'entraîner dans une certaine direction.

Quelquefois, l'intervention de ce spécialiste est inefficace, car le chien souffre non pas d'un défaut de caractère, mais d'un déséquilibre psychique. On doit alors le faire examiner par un vétérinaire spécialisé dans la psychologie animale, discipline très répandue aux États-Unis, mais qui ne s'est implantée en France que depuis une dizaine d'années. Les avis sont très partagés sur son efficacité. Je connais des vétérinaires qui sont résolument contre, d'autres plus nuancés.

Certaines consultations psychologiques ne sont pas dénuées de fondement, mais on y apprend souvent que ce sont le maître ou la maîtresse — ou les deux ensemble —

qui sont à l'origine des troubles que présente l'animal. C'est sur lui qu'ils projettent leurs problèmes, leurs tensions, leurs stress.

J'ai constaté, lors de promenades avec Mabrouk, que si je vois un gros chien à l'horizon, aussitôt l'angoisse m'étreint car je redoute qu'une bagarre se produise. Au même moment, mon chien devient plus nerveux, sans doute parce qu'il perçoit ma propre peur. Rééquilibrer un chien présentant des troubles revient donc peut-être à lui administrer des calmants, mais surtout à soigner ses maîtres.

La question se pose alors de savoir si les vétérinaires sont compétents pour se charger de l'équilibre mental des humains !

En tout état de cause, il convient de se méfier des chiens présentant des troubles psychiques, même s'ils ne sont apparemment pas dangereux. Je conserve le souvenir d'un événement qui aurait pu se terminer tragiquement. Ma femme et moi occupions un petit studio avec notre premier fils, qui avait alors deux mois. Ma belle-mère vint nous rendre visite en compagnie de ses deux boxers, Taïto, la mère, et son fils Whisky. Taïto était âgée, percluse de rhumatismes, et ses mouvements étaient lents et difficiles. Whisky, lui, était un peu fou, mais très gentil.

Une information à la radio détourna notre attention. Le bébé couché sur le lit se mit à pleurer. Whisky s'approcha en grognant... et soudain s'élança en direction de l'enfant.

Au même moment, Taïto bondit à son tour. Malgré ses membres douloureux, elle trouva assez de force en elle pour être plus rapide que son fils. Lui plantant ses crocs dans le cou, elle le fit tomber sur le sol, puis se campa devant le lit en montrant les dents pour l'empêcher d'y monter. Revenus de notre stupeur, nous nous empressâmes de passer sa laisse à Whisky et de l'entraîner hors de la pièce.

Sans la vigilance et le sens des responsabilités de

Taïto, Whisky aurait sans doute mordu le bébé, et l'on sait quelle force ont les mâchoires d'un boxer. Par quel sens mystérieux la mère avait-elle réalisé que son fils constituait une menace ?... J'ai souvent une pensée émue pour cette vieille chienne qui avait défendu « le petit de l'homme ».

Autre facteur de déséquilibre psychologique, la sexualité. A moins qu'ils ne soient de pure race et utilisés comme reproducteurs, les chiens des villes ont peu l'occasion de satisfaire leurs désirs en ce domaine.

L'un de mes amis vint un jour me demander conseil. Son chien-loup, très peu racé, devenait de plus en plus agressif, au point qu'il avait même tourné sa colère contre ses maîtres. Je lui ai suggéré de faire appel à un dresseur. Rapidement, celui-ci déclara forfait, ne parvenant à aucun résultat. Le vétérinaire, consulté ensuite, diagnostiqua un dérèglement sexuel et castra l'animal, qui est redevenu le bon chien qu'il était.

En ce qui concerne Mabrouk, les rencontres avec les femelles que j'ai organisées n'ont pas été fructueuses. Pourtant, j'aurais aimé pouvoir offrir ses fils ou ses filles à des amis. Une fois, la chienne à qui on l'avait présenté l'a dédaigné — elle ignorait visiblement qu'il s'agissait d'un animal célèbre.

Une autre fois, il fallait que je le laisse quarante-huit heures avec la prétendante afin que les animaux fassent connaissance et je dois avouer que, égoïstement, je n'ai pas voulu rester aussi longtemps séparé de mon chien et je l'ai repris. Il n'a donc pas eu de véritables descendants...

Pour autant, il n'en a jamais été perturbé et a gardé son bon caractère. Il n'a jamais attaqué personne... sauf un vétérinaire, au tout début de notre vie commune.

Le praticien, en lui examinant une patte dont il souffrait, lui avait fait très mal. Mabrouk avait hurlé.

Quinze jours plus tard, ce même vétérinaire est venu dans mon bureau pour lui faire des vaccins.

J'ÉTAIS SON MAÎTRE

Dès qu'il s'est approché de Mabrouk, celui-ci s'est réfugié près de mon fauteuil. Sur le moment, je n'ai pas spécialement prêté attention à ce manège. En fait, il se plaçait sous ma protection. Je lui ai demandé de s'avancer vers notre visiteur, mais il refusait.

Le vétérinaire a fait un pas en direction du chien... Mabrouk s'est élancé.

Le praticien a levé le bras dans un geste de défense et les dents de mon chien se sont refermées sur un pan de son veston, qui s'est déchiré.

J'étais très ennuyé, j'ai grondé fortement Mabrouk et, pour lui administrer les vaccins, on lui a mis une ficelle autour du museau. C'est la seule fois où je l'ai vu attaquer un homme.

Habituellement, son arme est la dissuasion. Un soir, je suis allé chercher des amis, à l'aéroport d'Orly. Au parking, je suis descendu de ma voiture et j'ai attendu Mabrouk, parti satisfaire un besoin urgent. C'est alors qu'un homme m'a apostrophé. C'était un chauffeur de taxi. Il me reprochait d'avoir, en reculant, accroché son pare-chocs. Après m'avoir copieusement insulté, il s'apprêtait à m'empoigner. Je déteste me colleter avec les gens, surtout pour des raisons aussi stupides, mais je n'étais pas très inquiet, réservant à ce type, s'il allait trop loin, un « coup tordu » appris sur les tatamis. Mabrouk est revenu à ce moment et a montré les dents en grondant.

Aussitôt l'homme a fait demi-tour, non sans me promettre qu'il percerait les pneus de ma voiture dès que je me serais éloigné.

J'ai fait monter Mabrouk à bord de mon véhicule, abaissé les glaces, et suis parti chercher mes amis. A mon retour, les pneus étaient intacts. La présence d'un gros chien dans une voiture, qu'il considère comme l'extension de la maison de son maître, est très efficace contre les vandales ou les voleurs éventuels [1].

Je suis partisan de ce genre de dissuasion-là, dans les magasins et les résidences secondaires. Plutôt un chien qu'un 22 long rifle : il tuera moins de gens que les adeptes de la gâchette facile...

Autre circonstance où il faut éduquer son chien à ne pas être agressif : quand il mange.

Je connais des maîtres qui, quand ils ont donné sa pâtée à leur chien, doivent s'éloigner afin de ne pas se faire mordre ! Outre que c'est très désagréable, voire dangereux, l'animal sera enclin à réagir de la même manière si quelqu'un touche un objet avec lequel il est en train de jouer.

Pour éviter cela, il faut très tôt plonger sa main dans sa pâtée, ou bien lui ôter un os de la bouche, lui rendre aussitôt, lui reprendre... Jusqu'à ce qu'il considère ces gestes comme un jeu et y participe. Dès lors, il acceptera avec bonne grâce qu'on puisse intervenir quand il mange ou joue avec un objet et ne risquera plus de mordre pour défendre son bien.

Autre problème concernant la nourriture : il faut apprendre très tôt à un chien à ne pas sauter lorsqu'on lui tend une friandise. Ordonnez d'abord « assis » puis « doucement » afin qu'il ne vous happe pas, dans sa gloutonnerie, une partie de la main !

Une précaution est également nécessaire : lui enseigner à ne pas accepter de la nourriture de n'importe qui, car bien des gens ne peuvent s'empêcher de donner des sucreries à nos compagnons, ce qui part d'un bon sentiment mais se révèle parfois néfaste pour leur santé.

Pour ma part, j'ai habitué Mabrouk à ne rien recevoir de la main droite, pour la bonne raison que la plupart des gens sont droitiers, ce qui résout une grande partie de la

---

1. Attention, je ne veux pas dire qu'il faut laisser le chien, pendant des heures et des heures dans une voiture, qu'il n'y ait pas de malentendus !

difficulté. Pour arriver à ce résultat, j'ai présenté à mon chien des morceaux de viande dans la main droite. Dès qu'il allait s'en saisir, je les lui retirais, le grondais, lui donnais de petites tapes sur le nez. Puis je passais à la main gauche et, dès qu'il prenait la viande, il avait droit à des félicitations, des caresses, etc.

Très vite, il a cessé d'accepter ce qu'on lui tendait de la main droite... sauf quand il s'agissait de familiers de la maison ou de gens du bureau qu'il connaissait car il était assez intelligent pour interpréter les ordres avec astuce.

On doit aussi tenter de dresser son chien à ne pas manger ce qu'il trouve à terre, ce qui n'est guère aisé. Je sais de quoi je parle, car j'ai dû mettre beaucoup d'obstination pour y parvenir avec Mabrouk. Ma peur de le voir avaler un appât empoisonné m'a soutenu...

J'ai d'abord eu l'idée d'utiliser de petits pièges à oiseaux. J'y ai placé de la viande et les ai disposés dans le jardin. Dès que mon chien aurait touché la viande, le piège lui aurait pincé le nez. En théorie, cela devait fonctionner, mais j'avais commis une grosse erreur : celle d'avoir préparé les pièges devant lui. Il avait suivi mes préparatifs d'un œil très intéressé et, comme il est malin, quand les pièges ont été mis en place, il a flairé la viande et ne l'a pas touchée, même quand celle-ci a commencé à se faisander, alors que les chiens aiment beaucoup ce goût. Je pense que cette technique n'est pas à rejeter, à condition d'opérer hors de la vue de l'animal.

Après ce fiasco, j'ai semé des morceaux de viande dans le jardin et me suis caché. Dès que je voyais Mabrouk, prêt à happer la viande, je lui lançais des graviers sur les flancs, ou un objet quelconque. Ainsi, j'associais le fait de toucher à la viande à l'arrivée d'une sensation désagréable.

Cette utilisation primaire du réflexe conditionné de Pavlov a donné d'assez bons résultats.

En ville, pour éviter qu'il ne renifle trop de choses désagréables, j'ai habitué Mabrouk au « beurk! ». Dès qu'il s'approchait d'un objet sale, je criais « beurk ! » sur un ton vraiment dégoûté. Il relevait la tête, reliant le fait de s'approcher d'une chose peu ragoûtante à mon cri. Cela marchait assez bien. Evidemment quand les gens m'entendaient crier « beurk ! beurk ! » sans voir que j'étais avec mon chien, ils me trouvaient un peu bizarre...

Pour ce qui est des règles de la propreté, elles sont connues : sortir le jeune chien le plus souvent possible, se courroucer s'il salit dans la maison et, au contraire, dès qu'il fait ses besoins dehors, le caresser, le féliciter avec exubérance. Très vite, il faut le tirer vers le caniveau, si on a la chance de trouver quelque espace entre les voitures, qui sont souvent pare-chocs contre pare-chocs.

Que ceux qui affirment que les trottoirs sont devenus des « crottoirs » prennent aussi conscience que les caniveaux, eux, sont à présent des parkings.

Pour les chiens provenant d'un élevage, une difficulté supplémentaire peut surgir, car ils ont souvent été habitués à faire leurs besoins sur une surface meuble et le caniveau, au début, leur semble rébarbatif. Mabrouk, lui, était propre naturellement. Il se débrouillait pour déféquer près d'un arbre, sur une grille d'arbre ou un coin de terre. Quand il ne les trouvait pas, il utilisait le caniveau. Mais comme je lui interdisais de descendre sur la chaussée, il se livrait à toute une gymnastique : les pattes sur le trottoir, il tendait son arrière-train le plus loin possible au-dessus du caniveau, exercice insolite, d'autant plus insolite... que je ne lui avais jamais enseigné. Comment avait-il « appris le caniveau » ? Je me demande s'il n'avait pas lu les affiches concernant ce problème, ou s'il n'avait pas écouté ces conseils à la radio[1].

---

[1]. Je connais des propriétaires de chiens qui ont résolu le problème de manière très simple : leurs animaux utilisent des toilettes à la turque. L'épagneul rouannais de mon père, lui, fait ses « besoins » dans un bac à sable placé sur le balcon de l'appartement et, quand on le sort, c'est pour une vraie promenade...

J'ÉTAIS SON MAÎTRE

Je ne plaisante là qu'à demi.

Certaines études, américaines ou françaises, font apparaître que les chiens peuvent comprendre de 180 à 250 mots, ce qui est énorme si l'on sait que la plupart de nos concitoyens en utilisent beaucoup moins dans leur langage quotidien.

Les chiens passent le plus clair de leur temps dans un environnement où règne en maître l'audiovisuel et ne cessent donc d'entendre la voix humaine. Sans doute s'en servent-ils pour améliorer leur perception de notre langage.

Ils ne sont pas les seuls à bénéficier du progrès : beaucoup d'amis, lorsque je discute de ce sujet avec eux, m'affirment que leur chat, tout en restant cet être mystérieux et indépendant auquel ils sont attachés, a un comportement... de chien. Ainsi, il vient facilement les retrouver quand ils l'appellent, et manifestent volontiers les signes de son attachement et de son amour. Dans les « gros plans sur les races » organisés par l'émission, nous recevons souvent des présidentes de tel ou tel club félin affirmant que leur animal préféré peut, facilement, être promené en laisse.

De même, on a dit que le chat était rebelle aux changements de rythmes, aux voyages, parce qu'il s'attachait plus au logis qu'à ses maîtres. Il faut se méfier des stéréotypes : certains félins s'installent sans problème dans leur panier et parcourent des kilomètres sans manifester de mauvaise humeur, pourvu qu'ils soient en compagnie de ceux qu'ils aiment. Ainsi beaucoup d'habitants des villes emmènent-ils leur chat en week-end.

Le seul ennui est que, souvent, l'animal en profite pour faire une petite balade dans la nature, ce qui oblige au moment du retour à l'appeler sur tous les tons en le cherchant partout. Parfois les possesseurs de matous ont recours à une méthode, qui peut paraître barbare, pour être sûrs de retrouver leur animal à temps : ils le privent de nourriture assez longtemps à l'avance pour que la faim le fasse sortir du bois...

Au début, ces observations m'ont un peu attristé. Ainsi le chat, cet animal qui bénéficiait de tous les avantages du chien — nourriture, foyer, soins — et ne souffrait d'aucun de ces inconvénients — obligation de répondre aux ordres, d'accomplir certaines tâches — perdait, apparemment, beaucoup de son indépendance.

En fait, je me suis rendu compte qu'il n'en était rien. Les chats ont évolué dans leurs rapports avec l'homme. D'une part, la pénétration de l'audiovisuel les a rendus plus attentifs à sa voix et à ses ordres. D'autre part, ils bénéficient d'une plus grande attention, d'une plus grande affection. A présent, qu'ils vivent dans le plus huppé des salons ou dans une loge de concierge : ils sont conduits chez le vétérinaire au moindre bobo, on leur offre une nourriture plus sophistiquée, car la chasse aux souris tend à disparaître. On leur parle comme à un chien, ils cessent peu à peu d'être pris pour cet être mystérieux, presque mythique, qu'ils ont été longtemps. En fait, l'ont-ils été vraiment ? Sans doute l'homme a-t-il projeté sur eux une bonne part de ses fantasmes, ce qui lui évitait en même temps de s'interroger sur la réelle nature du chat. A présent, peut-être celui-ci tient-il enfin sa vraie place auprès de nous ?...

Dans notre monde moderne, où souvent l'homme et la femme travaillent, les animaux doivent s'habituer à rester seuls une bonne partie de la journée.

Seul, un chien s'ennuie de son maître, il est malheureux... et souvent il pleure ou aboie, ce qui trouble le voisinage.

Pour l'habituer à se priver de compagnie, il faut commencer par interdire au jeune chiot de passer la nuit dans la chambre de ses maîtres. Bien sûr, il va pleurer à fendre l'âme, tout seul, tout triste, et vous aurez beaucoup de mal à rester sourd à ses appels, à ses gémissements.

J'ÉTAIS SON MAÎTRE

Sachez résister, cuirassez-vous, tenez bon, songez que vous agissez pour son bien ! Au bout de deux jours pour certains, d'une semaine pour d'autres, il s'habituera à dormir seul.

Mais il y a des récalcitrants, qu'on doit gronder, au besoin punir. Le risque, à ce moment, c'est qu'ils se disent : « Quand j'aboie, il revient. » Il faut d'autant plus montrer son mécontentement, crier très fort, tenir des propos véhéments... Quand il aura passé la nuit à japper : « Ouvre-moi, je veux vivre avec toi », il aura tendance à dormir pendant la journée. En ce cas, si on en a la possibilité, il faut le faire jouer, bouger, se promener, afin qu'il ne récupère pas ses forces après sa longue nuit blanche et ne soit pas frais et dispos pour reprendre sa séance de pleurs...

En fait, il faut se comporter de la même manière qu'avec un nourrisson à qui l'on apprend tout de suite dans les maternités à ne pas confondre le jour et la nuit.

Quand le chiot sera habitué à passer la nuit seul, restera à le rendre raisonnable pour la journée. Le mieux est de commencer par faire un faux départ et d'écouter les réactions du chien, en restant suffisamment éloigné pour qu'il ne sente plus votre présence [1]. S'il aboie trop, on doit revenir et le gronder. Une occasion à ne pas manquer : s'il cesse un court instant d'aboyer, son maître sera alors bien avisé de revenir aussitôt, mais cette fois pour le féliciter, le caresser, manifester les signes de la plus grande satisfaction.

Dans ce domaine, j'ai pratiqué avec mes chiens une technique qui peut sembler paradoxale : dès qu'ils aboyaient, je leur criais : « Aboie ! » si bien qu'ils asso-

---

[1]. Les départs doivent être effectués dans une indifférence feinte. Pas de grands « au revoir, mon amour, mon chéri » et de baisers à n'en plus finir. Il faut plutôt filer à l'anglaise afin que votre disparition ne soit pas trop traumatisante. On peut aussi laisser la radio ou la télévision allumées pour combattre le stress de la solitude.

ciaient ce mot au son qu'ils émettaient. Peu à peu, je suis ainsi parvenu à les faire aboyer sur commande en prononçant cet ordre. Cette technique permettra, puisque vous avez provoqué le phénomène par la parole, de le faire cesser plus facilement en criant « Stop ! ». Bien entendu, dans les premiers temps, ce mot sera prononcé dès qu'ils se tairont.

Cela dit, on n'obtient jamais une obéissance totale, car l'aboiement est pour les chiens le mode d'expression primordial.

C'est à la campagne, lorsqu'ils retrouvent leur élément naturel, qu'ils aiment donner de la voix.

Mabrouk passait la nuit à l'intérieur de la maison, ce qui ne l'empêchait pas de tenir parfaitement son rôle de protecteur du territoire. Un chien est parfaitement capable, même enfermé, de percevoir le moindre bruit à cent mètres à la ronde, de déceler toute présence suspecte et prévenir son maître. Celui-ci peut alors allumer les lumières et, le cas échéant, sortir en sa compagnie.

En revanche, si on lâche le chien dans le jardin la nuit, ce que font trop de propriétaires de résidences secondaires, non seulement il est vulnérable — les voleurs peuvent toujours l'abattre ou l'empoisonner —, mais cette liberté, qu'il apprécie certes, lui donne l'occasion d'aboyer au moindre passage d'une personne, d'un vélomoteur, d'une voiture, à proximité de la maison.

Inévitablement, ses congénères lui répondront et non moins inévitablement, les voisins qui ne possèdent pas de chiens se plaindront.

Si certaines protestations sont légitimes, d'autres témoignent que le « retour à la terre » est quelquefois mal compris et mal vécu. Nous recevons à ce sujet de nombreuses lettres émanant de personnes venues chercher à la campagne le silence absolu, et que troublent le bruit des animaux.

Cela va parfois très loin, puisque certaines se plaignent d'être éveillées par le chant du coq ! Sans doute voudraient-elles vivre dans un environnement aphone, où l'on n'entendrait plus ni le cri des oiseaux ni le souffle du vent...

Comme beaucoup de bergers allemands, Mabrouk aboyait assez rarement. Pourtant, il y avait une certaine circonstance où il donnait de la voix, sans que je l'aie jamais encouragé dans ce sens : il ne supportait pas la vue d'un uniforme. Jamais je n'ai pu tranquillement demander un renseignement à un agent sans que mon chien ne se mette à vociférer.

Je dois à la vérité de dire qu'il m'arrivait d'en profiter : lorsqu'un policier voulait me dresser contravention et me demandait mes papiers, je les tenais de telle façon que l'agent se trouvait dans l'obligation de passer la main à l'intérieur de la voiture pour les prendre. Souvent, il n'osait pas s'y risquer, devant cette bête qui semblait écumer de rage, et m'ordonnait de poursuivre mon chemin...

Sur les autoroutes, nous pouvions parcourir des centaines de kilomètres sans que Mabrouk bronche. Mais dès que nous arrivions à un péage, alors de nouveau c'était la grande colère !

Une fois, une seule fois, il a aboyé de façon imprévisible. Il se trouve que c'était dans une circonstance assez exceptionnelle.

En 1978, le président de la République, M. Valéry Giscard d'Estaing, me fit savoir qu'il aimerait s'exprimer, dans le cadre de l'émission et du journal, sur les problèmes des animaux et faire le point à ce sujet.

Par cette demande, le plus haut personnage de l'État reconnaissait l'importance et l'efficacité de « Trente Millions d'amis » et valorisait notre combat pour la défense des animaux de compagnie.

Ce n'était pas le premier homme politique à qui nous allions rendre visite.

Ainsi, l'année précédente, nous avions effectué un reportage à Latché, chez François Mitterrand, alors Premier secrétaire du Parti socialiste. L'émission avait suscité un grand intérêt, car on y découvrait non plus le tribun engagé dans sa lutte passionnée, mais un homme sensible à la nature, la connaissant bien, heureux de vivre en compagnie de ses chiens et de ses ânes.

Mon équipe et moi nous rendîmes donc avec plaisir et un rien de fébrilité à l'invitation du président de la République. Je dois dire que quand je garai ma voiture dans la cour d'honneur de l'Élysée, je ressentais une certaine tension.

Je descendis, en recommandant à Mabrouk de rester bien sage dans la voiture et, en compagnie de l'équipe, je gagnai le petit salon des Portraits. Le président préférait que les interviews télévisées se déroulent dans cette pièce d'angle, donnant à la fois sur la pelouse et la roseraie, qui était moins austère que les autres salons de l'Élysée.

A seize heures, tout était en place, spots allumés, caméras prêtes à tourner...

Le Président fit son entrée. Le matin, il avait assisté à une prise d'armes, puis à une remise de décorations. Il avait déjeuné ensuite avec plusieurs personnalités politiques. C'est pourtant un homme détendu, heureux semblait-il d'oublier un court moment le fardeau du pouvoir, qui s'avança vers nous.

Il nous proposa tout d'abord de le suivre dans le parc afin de nous montrer une portée de chiots venue spécialement de Rambouillet pour l'émission. C'étaient les enfants de Beauty et de Samba, ses deux labradors noirs.

Le président sortit de leur cage sept petites boules noires ou jaunes, et les posa sur la pelouse. En regardant les sept bébés gambader sur le gazon, s'y rouler et jouer, il m'expliqua que chez les labradors, on trouvait dans les portées aussi bien des chiots jaunes que noirs, quelles que soient les couleurs des parents.

Ce fut ensuite le repas des petits fauves, gloutonnement expédié en trente secondes...

Quand nous revînmes dans le salon des Portraits, Samba, le père des chiots, s'assit sagement aux pieds de son maître, à qui il semblait obéir parfaitement.

L'interview proprement dite commença.

Le Président me parla des quatre chiens qui vivaient en permanence à l'Élysée ; le couple de labradors, Jugurtha, un braque de Weimar, enfin Bambou, le cocker de Mme Giscard d'Estaing. Ils étaient d'après lui parfaitement heureux et profitaient pleinement du parc. Quand les deux labradors ou le braque voulaient venir rejoindre leur maître, un rite s'était établi. Ils attendaient au pied de l'escalier, et ce n'est que lorsque le président ouvrait la porte de son bureau au premier étage qu'ils s'engageaient sur les marches et venaient le rejoindre.

Dans la suite de l'entretien, un certain nombre de questions furent abordées, celles posées par la loi Griotteray, l'abattage, la vivisection, la nomination d'un « Monsieur Animaux ».

L'interview terminée, je parlai de Mabrouk au Président et lui demandai s'il voulait bien poser pour une photo en compagnie de la mascotte de « Trente Millions d'amis ».

Il accepta de bonne grâce et j'allai chercher Mabrouk.

Je ne sais pas pourquoi, le trac me saisit.

Est-ce que mon chien allait bien se tenir ! Bien sûr, il avait l'habitude des caméras et des photographes, mais on ne sait jamais. Je le voyais déjà mordant la main du Président ou faisant une autre énormité de ce genre... Je fis mon entrée avec Mabrouk dans le salon aux Portraits.

Le Président s'avança vers lui...

... Et Mabrouk aboya.

Je luttai contre la panique. Qu'allait-il faire à présent ?

Je lui demandai de donner la patte et, à mon grand soulagement, il le fit de bonne grâce. Poignée de main historique... sans doute était-ce ma nervosité qui avait désarçonné mon chien à son entrée...

Le Président se pencha pour regarder la médaille de « Trente Millions d'amis » accrochée au collier de Mabrouk.

— Il est beau, me dit-il. Est-ce qu'il vit tout le temps avec vous ?

— Oui, continuellement, Monsieur le Président.

Valéry Giscard d'Estaing hocha la tête.

— Vous avez de la chance. Moi, je suis souvent obligé de me séparer de mes chiens.

Nous prîmes d'autres photos sur le perron de l'Élysée et la célébrité de Mabrouk s'accrut encore ce jour-là.

J'ai conservé sur moi l'une de ces photos montrant mon chien en compagnie du chef de l'État, ce qui m'a été utile. Car un jour, alors que j'étais très pressé, des gendarmes m'ont arrêté. Je leur ai montré la photo en expliquant que je devais me rendre sur un tournage auquel participait ce chien exceptionnel. Très impressionnés, ils m'ont laissé repartir sans verbaliser...

Très tôt, je me suis appliqué à apprendre à Mabrouk à ne pas traverser la rue seul, sans mon ordre. J'utilisais pour ce dressage un « collier de travail », en cuir très large, conçu de façon à ce que l'animal ne puisse s'en défaire. Je ne suis guère favorable au collier dit « étrangleur » utilisé par les maîtres qui ne parviennent pas à maîtriser leur chien. Parfois, je les entends dire : « Vous savez, j'ai tout essayé, mais je ne parviens pas à le dresser. » Non, on n'a jamais tout essayé avec son chien. On a surtout manqué de patience, de persévérance.

Je suis persuadé qu'on peut toujours obtenir beaucoup d'un animal, qu'il s'agisse d'un chien, d'un chat, d'un cheval ou d'une poule. Certains maîtres parviennent à leurs fins en offrant comme récompense un morceau de sucre ou une friandise. Il est préférable que les animaux obéissent par amour et que leur seule vraie récompense soit la caresse, mais après tout, la fin justifiant les moyens, pourquoi ne pas faire appel à la gourmandise...

Pour inculquer à Mabrouk l'interdiction de s'avancer seul sur la chaussée, j'arrivais avec lui jusqu'au bord du trottoir, je marquais un temps d'arrêt, puis je disais « allez » et je descendais sur la chaussée en le tirant par sa laisse. Très vite, il s'est habitué à cet arrêt et n'a posé la patte hors du trottoir que quand il entendait mon ordre. Certains chiens sont plus rétifs, et il faut alors recommencer la manœuvre vingt fois, cent fois...

Pour consolider cette éducation, je lui ai ensuite tendu des pièges : je courais en le tenant en laisse... je descendais du trottoir... et s'il avait eu le malheur de me suivre, c'était alors le scandale sur la voie publique, les reproches véhéments ! Au contraire s'il était resté sur le trottoir, c'étaient la joie, l'exubérance, la caresse...

Quand il a cessé de se laisser prendre à ce stratagème, je lui ai tendu d'autres embûches. Dans une rue calme, je demandais à des amis de surveiller la circulation, puis je lui ôtais sa laisse et m'élançais en courant. Je traversais dans la foulée... et s'il m'accompagnait, je faisais de nouveau preuve de la plus grande colère en lui reprochant son manquement à la règle.

L'interdit de la chaussée ayant bien pénétré son esprit, je n'en continuais pas moins à le soumettre à des exercices. Par exemple, l'abandonnant sur un trottoir, je traversais et, parvenu de l'autre côté de la rue, me mettais à courir. Le chien aussitôt faisait de même sur son trottoir, parallèlement à moi, résistant au désir d'aller me rejoindre en face.

Plusieurs fois, il m'est arrivé de traverser en discutant avec des amis, mon chien tenu en laisse... et de me sentir tiré en arrière : Mabrouk restait sur le trottoir, attendant l'ordre que j'avais oublié de lui donner ! D'une certaine façon, il me prenait à mon propre piège, ce qui n'était pas pour me déplaire, car cela prouvait qu'il était parfaitement éduqué.

Pour autant, je considère que rien n'est jamais acquis totalement. Bien qu'il soit intelligent et docile, j'entraînais Mabrouk quotidiennement à la manière d'un grand pianiste qui fait ses gammes tous les matins. Il fallait qu'il reste en forme, comme un sportif. Quand je le voyais s'ennuyer un peu, au bureau, je claquais des doigts en lançant : « Exercice d'obéissance ! » Il se levait, il était prêt. J'ordonnais : « Assis... couché... debout... pas bouger... », et il exécutait mes consignes de bonne grâce. Ce qui comptait pour lui, c'était que cela se termine vite, car il était d'usage qu'à la fin de l'exercice, il m'apporte sa balle et que nous jouiions quelques instants. C'était sa récompense et il aurait trouvé malséant que je me dérobe à ce rite.

Le « pas bouger » est un commandement important qui vise à obtenir de son chien l'immobilité parfaite. Il est aussi vital que l'interdiction de traverser seul. Il peut sauver la vie du chien.

Que ceux qui méprisent ce genre de « cirque » sachent que la finalité de cette éducation est d'aider le chien, lui apprendre à se maîtriser, à contrôler une exubérance qui peut lui être fatale, à canaliser une agressivité ancestrale. Je l'ai déjà écrit et je le répète, dès qu'il s'agit de gros chiens, le premier devoir est de se faire obéir totalement par son animal. On n'a pas le droit de faire peur aux autres, c'est une simple question d'éducation humaine...

Beaucoup de méthodes existent pour parvenir au « pas bouger ». J'en ai imaginé une qui a le mérite d'être simple et pratique.

Au moment de passer son collier à Mabrouk, je le laissais pendre sur le chanfrein, c'est-à-dire entre les yeux et le nez. En même temps, je disais : « Pas bouger. » Gêné par cette présence insolite, mon chien baissait la tête et le collier tombait. Aussitôt, je manifestais mon mécontentement à grands cris et recommençais l'exercice cinq ou six fois, l'attention d'un animal n'étant pas quelque chose qu'on peut obtenir pendant trop longtemps.

Puis j'ai progressivement augmenté la longueur des séances. Dès qu'il restait immobile quelques secondes, je m'empressais, de crainte de voir tomber le collier, de le lui ôter, de le féliciter, de le caresser.

Assez vite, il a associé le « pas bouger » au fait de rester strictement immobile, une simple inclinaison de la tête étant déjà de trop, puisqu'elle faisait tomber le collier et provoquait la colère du maître.

Pour parfaire cette obéissance, je conduisais de temps en temps Mabrouk dans un endroit tranquille, le faisais asseoir, lui ordonnais le « pas bouger » et m'éloignais. Par réflexe, quand un chien voit son maître partir, il a tendance à vouloir le suivre. Quand, au début, Mabrouk le faisait, je le grondais sévèrement et l'obligeais à reprendre sa place. Au contraire, quand il restait immobile, aussitôt il avait droit aux plus grandes félicitations.

J'ai pratiqué cet entraînement en augmentant peu à peu la distance : trois mètres, six mètres, quinze mètres. Quand je voyais que Mabrouk ne bougeait pas d'un poil pendant un temps suffisant, alors je l'appelais et, seulement à ce moment, il venait à moi[1]. Dès lors, je savais que si un jour mon chien se trouvait dans l'obligation de rester immobile, dans un endroit précis, il le ferait sans problème. C'est ainsi que lorsque j'apercevais par exemple un chien qui semblait agressif, je lançais : « Au pied... pas bouger ! », et Mabrouk, pourtant d'un caractère querel-

---

1. Cet exercice permet aussi d'obtenir plus rapidement le « rappel » au pied, qui est, on le sait, le b-a-ba du dressage.

leur, s'asseyait à mes côtés et regardait tranquillement passer l'éventuel adversaire.

Un autre ordre : « Marche au pied », est aussi utile quand on promène son chien en laisse et qu'on ne veut pas qu'il tire sans arrêt. Pour éviter un tel désagrément, il suffit de lui répéter sans cesse l'ordre en lui donnant de petites tapes sur le nez quand il vous dépasse.

J'ai connu des maîtres dont le chien avait la manie de tirer, voulant continuellement s'élancer, courir à sa guise. Je leur ai conseillé de se laisser entraîner, de courir avec l'animal, puis soudain de crier « stop ! » en tirant d'un coup assez sec sur la laisse. Bien sûr, il leur fallait recommencer l'exercice dix fois, vingt fois, mais au bout d'un certain temps, l'animal, au moindre « stop », cessait de tirer.

Il existe maintenant des laisses qui se déroulent comme des moulinets et se bloquent sur pression du doigt, ce qui permet de procéder à ce dressage sans avoir l'obligation de courir. De toute façon, il est toujours utile d'apprendre le « stop » à un chien car on peut avoir besoin de le contrôler, de le faire s'arrêter, simplement à l'aide de la voix. Mabrouk a appris le « stop » très facilement, de même qu'il a su très vite qu'il n'avait pas le droit de descendre de la voiture sans mon ordre, afin d'éviter tout accident.

En prévision des tournages, je l'ai enfin « dressé » à l'attaque et à la défense.

Si l'on veut dresser un chien, soit pour l'utiliser en vue de la défense, soit parce qu'il s'agit d'un animal rétif qui a besoin d'être fortement soumis, on peut faire venir un dresseur à domicile ou se rendre dans un club. Les deux méthodes ont leurs avantages et leurs inconvénients.

Quand le dresseur vient à domicile, le chien n'a pas l'exemple de ce que font ses congénères. Or, si c'est un animal difficile, le fait de voir les autres exécuter des ordres peut l'aider à mieux comprendre ce qu'on exige de lui.

Inversement, dans un club, il aura affaire au classique homme d'attaque habillé en bibendum, auquel il s'habituera. Par la suite, il risque d'être inopérant face à un agresseur qui ne ressemblera pas à cette silhouette, car il n'aura pas toujours fait le lien entre les deux.

L'idéal serait sans doute de commencer par le club, puis de peaufiner le dressage dans les lieux où vit le chien.

Mais la plus mauvaise façon de procéder est de confier son animal à un « institut » sans l'accompagner. Certes, le chien sera soumis à l'autorité d'un professionnel à qui il obéira parfaitement et le dresseur, au bout de quinze jours, en fera fièrement la démonstration au propriétaire venu le reprendre. Mais de retour à la maison, l'animal ne répondra pas de la même manière aux ordres donnés par une voix différente, sur un ton différent. Seuls subsisteront quelques automatismes. D'ailleurs, aujourd'hui, les vrais professionnels ne proposent plus une telle pratique.

Mabrouk devait avoir trois ans quand j'ai fait appel à un dresseur.

Dès le départ, celui-ci s'est montré très sceptique.

— Vous savez, m'a-t-il dit, un chien, à cet âge-là, ne se dresse plus. Il ne comprend plus les méthodes d'attaque, il peut tout juste avoir l'instinct de protéger son maître.

— Peut-être. On peut tout de même voir, le tester ?

— Si vous voulez. En ce cas, voilà ce que je propose : demain, je fais irruption dans votre bureau en hurlant, en vous menaçant. On verra bien comment votre chien se comporte. Je porterai au bras, dissimulé sous la manche de ma veste, un matelassage de protection.

— Très bien.

Le lendemain, par l'interphone, le dresseur m'a fait savoir qu'il était là.

Je lui ai dit d'entrer.

Comme un fou, l'homme a surgi dans mon bureau, hurlant, me menaçant...

Mabrouk, assis dans son coin habituel, s'est levé et... lui a apporté sa balle.

Le dresseur a soupiré :

— Vous voyez, je vous l'avais dit. Si vraiment vous tenez à en faire un chien d'attaque, il va y avoir du travail !

Sincèrement, j'étais un peu déçu. Ainsi, mon gros loup n'avait pas « l'instinct de défense du maître »...

Pourtant, le soir, quand je me promenais avec lui, il allait au-devant des passants que j'allais croiser, les suivait jusqu'à ce qu'ils m'aient dépassé d'une dizaine de mètres, puis revenait à mes côtés, se livrant sans cesse à ce manège, qu'il arrêtait dans la journée. Lorsqu'il se trouvait en compagnie d'une amie, il semblait encore plus aux aguets. C'était de sa part une attitude de pur instinct, car jamais je ne l'avais dressé à avoir un tel comportement. Des amis, que j'avais questionné, me disaient que leur chien faisait de même.

Pourquoi donc lui si vigilant ne me défendait-il pas maintenant ? Je ne comprenais pas.

Et puis je me suis souvenu de sa réaction quand il avait mordu le vétérinaire. Mon chien était venu se réfugier près de moi et n'avait attaqué que lorsque l'homme avait passé le coin du bureau et était entré sur notre « territoire ».

Je suis allé me rasseoir derrière mon bureau et j'ai dit au dresseur :

— Recommençons. Cette fois attaquez-moi en montrant que vous voulez contourner le bureau pour me saisir et m'approcher *vraiment*.

Il a de nouveau fait son entrée en criant, puis contourné le bureau en faisant des gestes menaçants.

Mabrouk a bondi sur lui comme un fauve.

L'homme s'est protégé à l'aide de son manchon matelassé.

Pour faire lâcher prise à Mabrouk, j'ai dû utiliser le « sifflet d'angoisse » (que j'évoquerai plus loin).

— Eh bien, je crois qu'on pourra en faire un bon chien d'attaque, a reconnu le dresseur.

— Ce n'est pas exactement ce que je veux. Je tiens simplement à ce qu'il sache attaquer lors d'un tournage, mais sans qu'il se montre dangereux. Ce qui compte avant tout pour moi, c'est qu'il sache très vite s'arrêter à mon commandement.

Dans la semaine suivante, nous avons procédé à plusieurs séances dans mon bureau.

Je préparais Mabrouk, le mettais en condition en simulant l'inquiétude. Nous nous tenions dans la « zone sacrée ». Je répétais : « Qu'est-ce que c'est ?... Qui vient ? »

L'homme entrait, mimant l'attaque.

Dès qu'il s'approchait, je lançais « attaque » ! et je lâchais le collier de Mabrouk.

Il sautait sur le dresseur.

Très vite, je criais « stop ! »

Aussitôt il lâchait sa prise et revenait se coucher à mes pieds.

Je pouvais alors me lever, rejoindre mon « agresseur », lui serrer la main, discuter avec lui : Mabrouk ne bougeait pas d'un millimètre. Il est primordial d'habituer les chiens de défense à ne plus manifester aucune agressivité une fois qu'on leur a dit de stopper.

Pour compléter cette éducation, Mabrouk a pris avec un autre dresseur deux ou trois leçons au bois de Boulogne. Il s'est montré parfait, attaquant rageusement puis, dès que je lui en donnais l'ordre, revenant sagement à mes côtés, indifférent à celui qu'il venait d'agresser.

Au bout de quelques mois de notre vie commune, j'avais exploré avec mon chien toutes les circonstances où il fallait lui enseigner un comportement qui assure aussi bien sa sécurité que celle des autres.

Bref, j'étais très satisfait, persuadé que mon compagnon m'obéissait au doigt et à l'œil et ne pouvait en aucun cas échapper à mon contrôle.

Je me trompais.

Rien, je l'ai dit, n'est jamais acquis dans ce domaine... encore que dans le cas qui va suivre, remarquons que nous en étions au tout début de notre complicité.

Un matin, alors que nous nous promenions dans une allée d'Auteuil et que je le laissais flâner sans laisse, trois cavaliers galopant en direction de la porte d'Auteuil ont surgi brusquement.

Mabrouk m'a regardé... puis il est parti comme une flèche à la poursuite des chevaux, sourd à mes appels et à mes commandements.

Son instinct avait été le plus fort. Il courait après des animaux dont il pensait qu'ils s'enfuyaient. Et puis beaucoup de chiens sont excités par le mouvement, il n'est qu'à voir ceux qui s'élancent derrière les voitures.

Bientôt, je l'ai vu disparaître derrière une déclivité du terrain.

Je me sentais perdu. J'imaginais déjà mon chien débouchant porte d'Auteuil et se faisant écraser par une voiture ! Je ressentais en même temps une grande fureur à l'idée que tout ce travail accompli pour le dresser avait été réduit à néant par la simple apparition de ces cavaliers...

J'ai failli monter dans ma voiture pour partir à sa recherche... et puis je me suis immobilisé. Une voix intérieure me disait : non, tous tes efforts n'ont pas été vains, il *faut* lui faire confiance.

J'ai donc attendu, pendant d'interminables minutes.

Et puis Mabrouk est apparu.

Il revenait vers moi à petite allure.

L'interdit du trottoir avait sans doute dû jouer : au

moment de s'élancer sur la chaussée à la suite des cavaliers, il avait stoppé puis fait demi-tour.

Ainsi, après la plus grande désobéissance, il avait fait preuve de la plus grande soumission...

Au fur et à mesure qu'il s'approchait de moi, son allure se ralentissait.

Ces cent mètres, ces cinquante mètres, étaient les plus longs de sa vie ! Jamais auparavant je ne lui avais donné de correction, mais il pressentait qu'il allait prendre une trempe bien méritée.

Les derniers mètres, il les a faits en rampant, dans la poussière. Moi, je ne bougeais pas d'un millimètre.

Enfin, il a été à mes pieds, penaud, tremblant de peur.

C'est alors que m'est venue une idée : il me fallait inventer un appel auquel il ne puisse pas résister, une arme suprême pour le retenir, quelque chose de plus impératif qu'un ordre.

J'ai pris la laisse et commencé à lui en donner des coups sur le dos, les deux premiers coups assez cinglants, les autres symboliques...

En même temps, à la même cadence, j'ai sifflé dans mes doigts. Un coup, un sifflement... un coup, un sifflement... J'espérais qu'ainsi allait s'imprimer dans sa mémoire un interdit définitif, lié à la faute qu'il venait de commettre et à cette punition que je lui infligeais pour la première fois.

A la fenêtre d'un immeuble voisin, une brave dame se mit à crier à l'assassin...

Sitôt la correction terminée, Mabrouk a bondi sur moi pour me lécher, implorer mon pardon...

Quelques semaines plus tard, je me promenais en compagnie d'une amie et de mes fils dans le bois de Boulogne. Mabrouk gambadait à nos côtés.

Plusieurs cavaliers ont surgi, lancés au grand galop. Qu'allait-il se passer ?

Mon chien est parti comme une flèche.

J'ai sifflé entre mes doigts.

Mabrouk se trouvait alors à quelques mètres de mon fils cadet, qui m'a raconté ensuite : « Dès que tu as sifflé, j'ai eu l'impression d'assister à un dessin animé : Mabrouk a freiné pile des quatre pattes, dans un nuage de poussière. C'était très impressionnant ! »

Mon chien est revenu vers moi, je l'ai caressé. Ainsi, ce « sifflet d'angoisse » avait fonctionné comme une arme de dissuasion absolue.

Par la suite, j'ai eu peu l'occasion de l'utiliser. Une fois, cependant, je m'en suis servi avec un léger manque de discernement : Mabrouk, agressé par un autre chien, se battait courageusement avec lui. J'ai sifflé et il a arrêté le combat... si bien que son adversaire en a profité pour le mordre profondément à la cuisse.

Ce « sifflet d'angoisse », d'autres pourront le pratiquer en se servant d'un sifflet ordinaire, ou à ultra-sons.

Ainsi suis-je parvenu à éduquer mon chien. Amour, persévérance, obstination, ont été les maîtres mots qui m'ont guidé. Bien sûr, j'ai eu peu de difficultés avec Mabrouk, car il était un chien exceptionnel. Tous ces exercices de dressage, qui peuvent paraître parfois oppressifs, nous ont au contraire appris à nous connaître mieux l'un l'autre. Une certaine connivence s'est établie entre nous. Nous partagions le même plaisir, lui de comprendre rapidement mes désirs, moi de l'aider à révéler ses dons de compréhension et à exercer sa subtilité. J'ai en quelque sorte joué à bon compte les Pygmalion...

Avec un maître tel que moi, il était presque inévitable que Mabrouk fasse de la télévision.

Comme il m'accompagnait souvent sur les tournages, il avait acquis une certaine habitude des studios et de l'atmosphère particulière qui y règne. Il se montrait toujours particulièrement calme, se couchant à mes pieds ou à l'endroit que je lui indiquais sans manifester le moindre signe d'impatience.

Au début, sa participation aux émissions a été surtout motivée par des raisons pratiques. Par exemple pour « L'Avenir du futur », quand nous avons traité de l'intelligence animale, je l'ai fait monter sur une table et, à 20 h 30, en direct, on a filmé ses yeux en gros plan. Je lui disais « pas bouger » et il restait parfaitement immobile. D'autres fois, il est apparu dans « Trente Millions d'amis » parmi d'autres chiens, un peu comme un figurant.

Mais vers cette époque, plusieurs raisons ont convergé pour que sa participation devienne plus active.

Nous avions tous conscience, dans l'équipe, qu'une mascotte créerait un lien plus fort avec les téléspectateurs. L'émission n'ayant pas de présentateur, on ne pouvait l'identifier à quelqu'un. Cet aspect anonyme nuisait un peu à son impact, mais je ne voulais pas me faire de la « pub » sur le dos des animaux !

Mabrouk a rallié tous les suffrages, et j'ai d'autant plus accepté ce choix que cela me donnait l'occasion de réhabiliter les bergers allemands, de montrer que ce n'étaient pas ces brutes féroces que l'on croyait parfois, mais des animaux intelligents et gentils.

Encore fallait-il qu'il fasse ses preuves, qu'il se montre à la hauteur de ce qu'on attendait de lui.

J'ai commencé par lui demander des choses assez simples. Et puis, sa façon de saisir très vite ce que je voulais, de l'exécuter parfaitement, m'a fait comprendre que je pourrais obtenir beaucoup plus. Bientôt, il s'est révélé capable d'initiatives surprenantes, inexplicables si l'on se réfère à l'intelligence normale d'un chien. Plusieurs dresseurs m'ont affirmé qu'un animal comme Mabrouk, il n'en existe qu'un sur dix mille...

Le premier tournage de ses « exploits » s'est déroulé dans un train.

Mabrouk appréciait beaucoup ce mode de transport.

Pourtant, au cours d'un voyage, j'ai failli causer sa mort.

C'était à l'époque où je m'occupais de tourisme. Je prenais souvent ce train spécial que nous avions créé qui allait sur la côte l'été et à la neige l'hiver, afin de m'assurer que tout fonctionnait bien.

A la gare de Lyon, Mab, avant de monter à bord, avait pris l'habitude de se rendre dans un endroit, toujours le même, pour satisfaire ses besoins. Aux arrêts, je le faisais descendre régulièrement, mais souvent inutilement, car comme beaucoup de ses congénères, il était capable de se « retenir » douze à quinze heures.

Un jour, alors que nous étions encore sur le quai, à Dijon, le train a commencé à s'ébranler sans que son départ ait été annoncé, puisque c'était un convoi spécial.

J'ai couru, Mabrouk à mes côtés, puis j'ai posé un pied sur le marchepied, me tenant à la poignée verticale.

J'aurais dû laisser Mabrouk sauter dans le couloir ce qu'il aurait fait sans difficulté.

Au lieu de quoi, j'ai voulu le guider et l'ai saisi par son collier.

Quand nous traversions les rues, je le tenais ainsi et il avait l'habitude de me suivre en se laissant faire.

Il est donc resté inerte... ce qui fait que j'ai dû le tirer à moi, soulever quarante kilos à bout de bras...

Le train prenait de la vitesse.

Je ne parvenais pas à le hisser à ma hauteur, il était lourd, de plus en plus lourd...

Et soudain, j'ai vu le collier qui était assez lâche, glisser lentement, inexorablement, vers ses oreilles.

Mon bras me faisait mal, j'avais tous les muscles crispés... les pattes arrière de Mabrouk pendaient entre le quai et le train...

En un éclair, j'ai pensé : il va tomber, se faire écraser... ce n'est pas possible, il va mourir ! Et tout ça est de ma faute... Qu'est-ce qui m'a pris de vouloir à tout prix rattraper ce train ? J'aurais pu en prendre un autre, ou l'avion...

Dans un suprême effort, je me suis projeté en arrière sur le quai en entraînant Mabrouk avec moi.

Un de mes collaborateurs a tiré sur le signal d'alarme...

Désormais, quand nous empruntions ce train, à chaque arrêt, à peine descendu, il voulait aussitôt remonter. Sans doute avait-il gardé le souvenir de cet épisode mouvementé.

C'est dans ce même train qu'il a tourné sa première séquence : « Le Mabrouk des sleepings. » Il y tenait le rôle d'un voyageur se promenant dans les couloirs, puis allant déjeuner au wagon-restaurant. Ce premier petit film était un essai. Il s'est avéré concluant : Mabrouk se déplaçait selon mes ordres, sans manifester le moindre caprice ou l'ombre d'une désobéissance. Il était parfait, impérial devant les caméras et sous les lumières, comme s'il n'avait fait que cela toute sa vie...

Ensuite, nous avons tourné une séquence intitulée « Des nouvelles de Mabrouk » où on le voyait assis dans ma voiture. Par la vitre baissée, un « voleur » tentait de passer son bras à l'intérieur, ce qui déclenchait l'attaque du chien.

Dans une autre scène, une collaboratrice de l'émission était agressée par deux voyous qui lui arrachaient son sac. Mabrouk devait voler à son secours. Les deux loubards mordaient la poussière.

Quelques jours auparavant, nous avions fait un essai, sans tournage. La même collaboratrice s'était promenée en compagnie de Mabrouk et deux dresseurs, que le chien ne connaissait pas, l'avaient agressée, faisant mine de lui prendre son sac. Elle avait seulement crié « Mabrouk ! » sur un ton angoissé, et il avait bondi sur eux, les avait neutralisés.

Restait à voir ce qu'il ferait devant les caméras.

Tout s'est déroulé parfaitement. Mabrouk avait très bien compris ce que j'attendais de lui. Il s'élançait au moment où je le lui ordonnais, revenait à mes côtés dès qu'il entendait mon signal.

Avait-il conscience qu'on filmait, qu'il s'agissait d'un simulacre ?

Je crois qu'il devait en avoir une sorte d'intuition. Certains de ses comportements, au fil des tournages, m'ont conforté dans cette idée : il a toujours eu une façon assez significative de se déplacer face aux caméras, de quêter mon approbation...

Quelque chose de mystérieux s'est toujours passé, un

phénomène auquel je serais bien en peine de fournir la moindre explication.

J'ai vu, constaté des choses, simplement.

Ainsi, un jour nous nous trouvions avec des amis à la terrasse de Sénéquier, sur le port de Saint-Tropez.

Une jeune femme, un mannequin, posait sur la passerelle d'un yacht devant quelques photographes qui, un quart d'heure avant, avaient filmé Mabrouk. Les appareils faisaient un bruit un peu semblable à celui de la caméra à grande vitesse que nous utilisions parfois dans nos tournages pour obtenir des effets de ralenti.

Mabrouk nous a brusquement quittés, s'est dirigé vers la passerelle, est allé se placer près de la jeune femme, face aux photographes ravis de l'aubaine !

Un autre événement, tout aussi curieux, est survenu sur le plateau de « L'Avenir du futur ».

Pour la cinquantième, j'ai présenté l'émission en direct, en compagnie du présentateur habituel. Parmi nos invités se trouvait le secrétaire d'État à la Recherche scientifique, Pierre Aigrain.

Après avoir prononcé quelques mots pour marquer l'anniversaire de l'émission, je me suis tourné vers Robert Clarke :

— Et maintenant, à toi Robert...

A ce moment, Mabrouk, qui se trouvait couché derrière mon fauteuil, invisible aux caméras, s'est levé.

Il a fait quelques pas, s'est retrouvé à côté du secrétaire d'État qui, machinalement l'a caressé, puis il s'est retourné, m'a regardé, toujours assis dans mon fauteuil.

Alors, tranquillement, dignement, il est revenu à son point de départ, a repris sa place derrière moi et n'en a plus bougé.

Que s'était-il passé ?

Lorsque je clos une séance de travail, je remercie l'équipe. Je dois sans doute le faire en employant une intonation bien spéciale, car Mabrouk comprend aussitôt que nous allons partir et se lève pour m'accompagner.

Ce soir-là, au ton que j'ai employé, il en a déduit que mon travail était fini — ce qui en l'occurrence était vrai — et s'est levé, s'attendant à ce que je fasse de même.

Puis, il s'aperçut que je ne bougeais pas et a compris alors qu'il s'était trompé.

Discrètement, il a regagné sa place.

Pour la seconde séquence, « Les vacances de Mabrouk », le sympathique comédien Jacques Balutin a prêté sa voix à Mabrouk, afin de le « personnaliser » un peu plus. C'était le début d'une longue collaboration.

Déjà à cette époque, nous recevions un abondant courrier. Nombreux étaient les fidèles de l'émission qui voulaient mieux connaître le chien et nous posaient des questions à son sujet ou exprimaient leur plaisir de le voir sur le petit écran. Bien des lettres, qui nous étaient adressées pour traiter d'un autre sujet concernant les animaux de compagnie, se terminaient par « un bonjour à Mabrouk » ou « bises à Mabrouk » qui nous faisaient très plaisir.

Les marques d'amitié ou d'intérêt n'ont cessé de croître et, telle une vedette de cinéma, Mabrouk recevait régulièrement un abondant courrier. Par bonheur, comme il ne savait pas lire, il restait très simple.

Une grande partie du tournage des « Vacances de Mabrouk » s'est effectuée sur la côte, dans un hôtel où nous l'avons filmé entrant dans le hall, puis posant ses pattes avant sur le comptoir de la réception pour « remplir sa fiche ».

Il devait ensuite se baigner dans une petite piscine particulière attenante à un bungalow. Quand je lui ai demandé de sauter dans l'eau, il a commencé par faire le tour du bassin en l'inspectant minutieusement. Quand il a découvert qu'il y avait des marches, alors seulement il s'est mis à l'eau, nageant avec plaisir. Il savait comment il allait pouvoir remonter, ce qui dénote pour le moins un certain degré de réflexion.

Beaucoup de chiens ont cette préoccupation et leurs maîtres seraient bien avisés, pour les mettre en confiance, de leur indiquer la façon dont ils pourront sortir du plan d'eau. Il ne faut pas oublier que les animaux n'ont pas de bras, notre préhension des mains, qui nous permettent de nous hisser en prenant appui sur une rambarde. Tomber à l'eau peut être très dangereux pour eux.

L'un des chiens de Brigitte Bardot s'est noyé de cette manière dans sa piscine, parce qu'il a été incapable d'en sortir. Mabrouk, quand il était plus jeune, s'est jeté dans le bassin de Marly en courant comme un « chien fou ». Il a nagé mais ne parvenait pas à escalader le bord, si bien que j'ai dû le sortir de cette fâcheuse position en le tirant par son collier, ce qui n'a pas été une mince affaire...

Quand nous avons tourné sur la plage, il est entré dans l'eau sans problème, parce qu'il voyait le sable s'enfoncer progressivement sous la mer et savait donc comment revenir.

Le caméraman l'a rejoint dans l'eau et Mabrouk, qui s'amusait à sauter, à batifoler, s'est mis à tourner autour de lui, comme s'il se rendait compte qu'on le filmait...

Ensuite, sagement, il est resté assis sur la plage, une serviette-éponge autour du cou, pour les besoins du film.

Il lui fallait pour cela une certaine patience, car les animaux ont une tendance naturelle à se débarrasser de tout objet qu'on pose sur eux. Non moins sagement, il a pris place sur la plate-forme avant d'un pédalo. Il me voyait sur la rive et aurait bien voulu plonger pour aller me rejoindre... mais je lui ai crié « pas bouger » et il est resté impavide, en vrai « professionnel » qu'il était devenu...

« Mabrouk et ses copains » s'est déroulé dans l'école d'équitation voisine de ma maison de campagne.

Nous avons filmé Mabrouk en train de jouer avec le chien du manège, qu'il aimait bien. Mabrouk s'amusait à lui tenir le museau entre ses mâchoires, en prenant bien garde de ne pas serrer, car il aurait pu le broyer...

Nous sommes passés ensuite à des choses plus sérieuses : le saut d'obstacles, que notre ami André Théron, le célèbre chroniqueur hippique, a eu l'amabilité de commenter.

Mabrouk, en cette occasion, s'est comporté de manière fort étonnante, mystérieuse même.

Dans un premier temps, en alternance avec Gold, un cheval de l'école d'équitation, il a franchi des barres de plus en plus hautes.

Puis, j'ai décidé de les faire sauter l'un après l'autre car je craignais que Gold, en faisant un écart, ne blesse Mabrouk. Je ne voulais pas qu'ils franchissent l'obstacle exactement en même temps.

Le cheval et le chien se trouvant côte à côte, au départ, j'ai donné d'abord l'ordre à Mabrouk de s'élancer, puis le cavalier est parti à son tour. Mabrouk, puis Gold ont sauté l'un après l'autre, à quelques secondes d'intervalle.

La caméra a tourné le saut, ainsi que trois autres, tous exécutés de la même manière, le chien passant avant le cavalier.

Une dernière prise a été décidée, pour filmer sous un autre angle.

De nouveau, le cheval et le chien se sont trouvés prêts au départ.

J'ai donné le signal à Mabrouk.

Il s'est élancé.

A mon commandement, Gold est parti derrière lui.

Ce qui s'est passé ensuite, nous l'avons examiné

plusieurs fois en passant le film au ralenti, pour reconstituer exactement le comportement de Mabrouk.

Il s'est élancé de la même manière que pour les autres sauts, mais cette fois, à mi-course, a tourné la tête pour voir où se trouvait le cheval et a diminué encore son allure jusqu'à ce que celui-ci parvienne à sa hauteur.

Alors, il a réglé sa foulée sur celle de Gold.

Ils ont abordé l'obstacle et l'ont franchi exactement à la même seconde, dans un ensemble parfait !

Je me demanderai toujours ce qui a pu se passer dans la tête de mon chien.

Pourquoi m'a-t-il désobéi, pourquoi a-t-il voulu opérer ce synchronisme ?

Son initiative n'était évidemment pas dictée par un sens de l'esthétique, la nécessité qu'il aurait ressentie de se comporter d'une telle façon que le plan soit réussi.

Voulait-il alors me faire plaisir ?

Je l'ai dit, je ne tenais pas à ce qu'il saute en même temps que Gold, de crainte qu'il ne soit blessé. Mabrouk ne pouvait donc saisir que mon appréhension.

A moins que...

A moins que quelque chose de beaucoup plus intense, de beaucoup plus profond, ne se soit produit.

Au fond de moi, j'aurais aimé qu'il y ait entre le cheval et le chien un synchronisme parfait, qu'ils sautent exactement en même temps.

Or, ce que je souhaitais profondément, je me refusais à l'admettre : il n'en était pas question une seconde, mon chien ne pouvait pas courir le moindre risque !

Mabrouk avait-il eu accès à mon subconscient ?

Avait-il *su* ce que je n'osais ou ne voulais me formuler à moi-même ?

Jamais, sur le plan scientifique, l'on a pu démontrer qu'entre humains existaient des liens télépathiques, bien que de nombreuses expériences, dont nous nous sommes souvent fait l'écho dans « L'Avenir du futur », aient été tentées à ce sujet. Aucune n'a été vraiment probante.

Les rapports extra-sensoriels entre humains et animaux, eux, n'ont pratiquement jamais fait l'objet de recherches sérieuses. Nous sommes dans le domaine du grand mystère...

Mais dans le cas qui nous occupe, c'était plus que de la transmission de pensée, puisque mon désir n'était même pas formulé au niveau du conscient.

Je me garderai bien de fournir une explication précise au comportement de Mabrouk. Ce que je peux simplement constater dans la vie courante, et les amis des animaux le font sans nul doute comme moi, c'est que chiens et chats vous jugent souvent en quelques secondes, savent si vous les aimez ou non, si vous êtes quelqu'un de bien ou pas — et se trompent rarement.

C'est là aussi ce qui nous fait les aimer d'être si particuliers, si différents de nous, si spécifiques...

Mabrouk aux sports d'hiver...

A Megève, il s'est promené dans un traîneau tiré par un cheval. Seul passager à son bord, il avait, comme dans le pédalo, une forte envie de sauter pour venir me rejoindre, mais je lui avais dit « pas bouger » et il a strictement suivi mes consignes.

Puis, comme un chien d'avalanche, il a tiré un skieur sur une piste. Tout d'abord, nous avions observé ces courageux animaux à l'entraînement. Pour se rendre sur le lieu de l'exercice, chaque maître-chien monte sur ses skis, place son chien entre ses jambes et se fait tirer par lui en le tenant par le collier. J'ai dit à Mabrouk : « pas bouger, regarde », et je lui ai demandé ensuite de faire la même chose.

Dès le premier essai, il a parfaitement effectué la manœuvre, au grand étonnement des C.R.S., qui avaient dû faire preuve de tant de patience pour dresser leur chien à cette discipline.

Nous avons ensuite filmé Mabrouk descendant la piste noire à une vitesse record. Pour clôturer cette séquence, nous avons décidé d'organiser une « arrivée triomphale » : Mab devait faire son apparition en bas de la piste escorté par les moniteurs de la station.

Pour ce faire, nous leur avons demandé de se placer à une centaine de mètres en amont, face à la caméra mais hors de son champ. Mabrouk, lui, se trouvait à une cinquantaine de mètres devant eux, caché par un petit vallonnement.

A l'aide d'un talkie-walkie, j'ai donné l'ordre aux moniteurs de commencer à descendre et, quand je les ai vus arriver suffisamment près de Mabrouk, j'ai sifflé pour l'appeler. Mon chien a foncé jusqu'à la caméra... mais il a couru trop vite, les moniteurs n'ont pas eu le temps de le rattraper !

Nous avons donc décidé une nouvelle prise.

Chacun a regagné sa place de départ et, comme Mabrouk allait très vite, j'ai décidé qu'il partirait plus tard. J'ai donné aux moniteurs l'ordre de s'élancer... mais à peine avaient-ils entamé leur descente que Mabrouk, les voyant en mouvement, s'est mis à courir sans attendre mon coup de sifflet. En une prise, il avait compris que si les moniteurs partaient, cela signifiait qu'il devait faire de même.

Il avait donc assimilé ce que j'attendais, mais trop vite, si bien qu'une fois encore, les moniteurs n'ont pu le rattraper...

Sa descente de la piste noire lui a valu un chamois d'honneur offert par le directeur de l'école de ski. Mais ce qu'il a sans doute le plus apprécié, ce sont les caresses et les démonstrations d'amitié de ses jeunes supporters, qui n'avaient pas manqué l'occasion de venir le voir en chair et en os...

MABROUK, CHIEN D'UNE VIE

La séquence où Mabrouk « joue » au tennis a dû paraître aux téléspectateurs certes amusante, mais somme toute assez simple. Pourtant, elle a exigé de mon chien une finesse d'adaptation peu commune.

Dans le jardin, il avait l'habitude de s'amuser avec des balles de tennis qui lui appartenaient, mais lorsque j'allais jouer sur un court, il devait rester sagement dans un coin, avec interdiction absolue d'entrer sur l'aire de jeu et de toucher aux balles, à tel point que lorsqu'elles arrivaient sur lui, il ne bougeait pas d'un poil et nous en retrouvions souvent une entre son flanc et le grillage.

Ainsi, il faisait exactement la différence entre le jeu au jardin, avec ses balles, et ce qui se passait sur le court.

Et voilà que pour les besoins de l'émission, j'ai dit à mon chien : « Maintenant, tu vas aller là où habituellement tu n'as pas le droit de poser les pattes, et tu vas attraper au vol les balles qu'un joueur va t'envoyer, alors qu'ordinairement, tu n'as pas le droit d'y toucher. »

Je lui demandais donc de transgresser deux interdits majeurs qu'il avait jusqu'alors scrupuleusement respectés.

Cela exigeait de son esprit un certain effort, et un effort rapide, car l'équipe était là, prête à tourner.

Nous n'avons eu aucun problème.

Le plus naturellement du monde, Mabrouk s'est précipité sur les balles, qu'il captait au vol entre ses mâchoires... puis a sauté le filet pour venir les prendre sur le terrain de son adversaire, enfin s'est déchaîné contre l'arbitre de chaise — c'est-à-dire moi — au moment où je le lui demandais.

Dès le lendemain du tournage de cette séquence — commentée pour la circonstance par Christian Quidet, à l'époque directeur du service sportif de TF 1 (il est aujourd'hui directeur de la rédaction de *Télé-poche*) et grand commentateur des matches de tennis internationaux — Mabrouk a repris tout naturellement ses habitudes, happant allègrement ses balles dans le jardin et restant sage comme une image sur le court.

Le cinéma, il le savait, c'était terminé...

Le gendarme de Saint-Tropez... Nous l'avons rencontré, Mabrouk et moi, quand nous sommes allés tourner dans cette aimable cité. C'était un brigadier, ami des chiens — il en promenait deux petits, très gentils, avec qui Mabrouk s'est lié d'amitié. Dans son interview, il a expliqué que la gent canine était bien accueillie dans la ville, où on lui permettait l'accès aux plages, ce qui n'est hélas pas le cas partout. Je voulais par cet exemple faire prendre conscience aux municipalités qui ne faisaient pas preuve de la même tolérance qu'elles avaient bien tort, car les nuisances à redouter sont minimes, en comparaison du bonheur que l'on peut procurer aux chiens et à leurs maîtres.

Lors d'une séquence tournée sur le port, les badauds ont dû juger assez extravagantes les précautions que j'ai voulu prendre.

Mabrouk devait simplement monter à bord d'un yacht en empruntant une petite passerelle de bois.

Comme il venait de pleuvoir, ma hantise était qu'il glisse et tombe dans l'eau entre la coque du bateau et le quai. Il aurait été alors dans l'incapacité de sortir seul de l'élément liquide.

C'est pourquoi j'avais demandé à deux assistants de prendre place dans une barque à quelques mètres de la passerelle et de se tenir prêts à plonger.

Jamais, pour les besoins d'un tournage, je n'ai fait courir le moindre danger à Mabrouk.

A la plage, nous avions prévu qu'il plongerait.

J'ai d'abord voulu le faire sauter à partir d'un ponton assez élevé, mais comme c'était la première fois qu'il devait plonger dans la mer, il n'a rien voulu savoir. C'était pour lui l'inconnu.

Je l'ai emmené sur un ponton beaucoup plus bas, j'ai jeté un bout de bois dans l'eau, et là, il a sauté plusieurs fois sans hésiter.

Nous n'avions plus qu'à revenir au premier ponton, d'où cette fois il s'est lancé hardiment.

Ainsi, il n'était pas un « casse-cou », un inconscient, mais un vrai professionnel. Il agissait toujours en faisant preuve d'une certaine réflexion. Il avait fait l'expérience de plusieurs plongeons, il savait ce que c'était, il pouvait ensuite se lancer de plus haut.

Quelques-uns de ces plongeons, tournés au ralenti, nous ont permis de constater que Mabrouk était un véritable athlète. Habituellement, les chiens, quand ils sautent dans l'eau, relèvent instinctivement la tête et ramènent leur arrière-train avant de prendre contact avec l'élément liquide.

Mabrouk, lui, plongeait comme un être humain, tête et pattes en avant, en position aérodynamique. Il gardait la tête sous l'eau avant de remonter, comme les labradors dont c'est, paraît-il, la spécialité.

Il a ensuite été filmé à bord d'un petit dériveur barré par un enfant de l'école de voile. Il n'a pas bronché, tandis que le bateau s'éloignait de la plage, de son maître, alors qu'il se trouvait en compagnie d'un inconnu. Il est vrai que cet inconnu était un enfant, et que n'aurait-il pas accepté d'un enfant !

Mais où nous avons rencontré quelques difficultés, c'est lorsque nous avons décidé de le faire monter sur une planche à voile dirigée par Marc Nieuwbourg, alors champion d'Europe de cette discipline. 45 kg et quatre pattes sur cette surface restreinte et glissante... je dois dire que cela n'a pas été aisé bien que mon chien, comprenant le jeu, jappât de plaisir entre chaque tentative.

Deux fois, Mabrouk a perdu l'équilibre, est tombé de la planche et est revenu vers nous à la nage.

Enfin, la troisième tentative a été la bonne : il a trouvé sa position d'équilibre idéale et, décontracté, s'est laissé véhiculer sur cet étrange esquif.

« Ce jour-là, certains baigneurs, incrédules, ont vu un homme accompagné d'un gros berger allemand affronter les vagues au gré du vent... »

C'est sans doute l'intelligence, la docilité de Mabrouk lors des tournages, qui nous ont donné l'idée de tourner un hommage à la célèbre série américaine des Rin-tin-tin.

Nous nous sommes rendus pour les besoins de la cause dans la « vallée des Peaux-Rouges », près d'Ermenonville, où se réunissent les amateurs de western qui jouent tous les week-ends aux cow-boys et aux Indiens.

Pour reconstituer le générique du feuilleton, où l'on voyait le célèbre chien sauter d'un toit sur un chariot, j'ai fait appel à un jeune berger allemand de deux ans, car depuis que les radios avaient révélé la présence des « becs de perroquet », je ne le faisais plus sauter.

En revanche, pour une scène où Rin-tin-tin attaquait les Indiens, Mabrouk a doublé... sa doublure.

J'avais pensé que Mabrouk, qui n'avait pas été entraîné à l'attaque par un dresseur depuis longtemps, ne serait pas en mesure de tourner cette séquence. Pour un premier essai, nous avons donc lancé sa « doublure », un chien dressé à l'attaque, en direction de l'un des Indiens.

L'animal a sauté et refermé ses crocs sur le bras du figurant.

Malgré sa protection, celui-ci a hurlé de douleur, tant l'animal avait une prise puissante.

Nouvelle protection passée autour du bras de notre Indien... nouvelle attaque du chien... nouveaux hurlements...

— Non, je ne peux pas continuer, ce chien me fait trop mal, a protesté le malheureux « Peau-Rouge », un employé de la vallée.

Que faire ?

Tenter un essai avec Mabrouk, peut-être.

J'ai commencé par le préparer psychologiquement, puis j'ai lancé l'ordre : « Attaque ! »

Les caméras tournaient.

Mabrouk s'est lancé sur son ennemi, qui s'est écroulé à terre sous ses assauts furieux.

Quand la prise a été terminée, le « Peau-Rouge » s'est relevé.

— Ça a été parfait, a-t-il déclaré avec soulagement, ce chien-là au moins, il ne m'a pas serré, il a été très bien !

Toujours ce don de Mabrouk pour faire la part des choses : au cinéma, il suffit de simuler. Il savait qu'il n'y avait pas d'angoisse, que c'était un jeu.

José Giovanni, le réalisateur, était très impressionné par la maîtrise de sa « vedette », à tel point que pour m'expliquer ce que devait faire Mabrouk dans une autre séquence, il a eu cette phrase :

— A ce moment, il se mettra à cet endroit et il dira...

Nous nous sommes regardés... et nous avons éclaté de rire.

Ce lapsus était révélateur. Mabrouk jouait si parfaitement son rôle que José Giovanni en parlait comme d'un acteur...

A la fin du tournage, nous avons discuté d'un projet qui nous tenait à cœur : faire tourner à Mabrouk des séries télévisées dont il serait le héros. Nous avons noté des idées, commencé à bâtir des épisodes...

Et puis, il y a eu ce tournage de la séquence de football, à Boulogne-Billancourt, qui est un souvenir douloureux, parce que Mabrouk fuyait le soleil... et puis celui de la gendarmerie, à Gramat, avec toujours cette peur du soleil et, pour moi, cette inquiétude, cette inquiétude qui ne me quittait plus... Cette inquiétude que je revis toujours, car elle est liée à la vie et à la mort de mon chien.

Mabrouk... Mabrouk était mort...

Malgré mon chagrin, je savais que je devais revenir parmi les hommes et continuer mon combat pour la défense des animaux.

C'était lui et sa mémoire que je défendais un peu, aussi, à travers tous les autres...

Je me suis remis au travail.

# III.

Le combat pour les animaux

« Trente Millions d'amis »...

Dès la première émission, le mardi à 17 heures, le succès fut immédiat. Enfin, la télévision s'intéressait aux amis des animaux ! Les indices d'écoute et l'abondance du courrier furent tels qu'au bout de trois mois, on nous programma, insigne honneur, dans une tranche horaire prestigieuse : le samedi à 18 heures.

Depuis, le succès de l'émission ne s'est pas démenti, et il s'est même accru.

En 1982, quand les nouveaux responsables décidèrent de nous programmer le samedi matin à 10 h 30, je les mis en garde : « Attention, il ne s'agit pas d'une émission qui traite d'économie ou réunit de simples reportages d'information. Nous avons tissé des liens très forts avec le public, qui va réagir, j'en suis sûr. »

Les nouveaux venus ne se rendaient pas compte qu'une chaîne du cœur unit les amis des animaux. Toutes les semaines, nous livrons une demi-heure de « télescopie » de la France, non pas de la fameuse France profonde ou de celle des salons, mais du pays tout entier.

C'est pourquoi « Trente Millions d'amis » ne peut être comparée aux émissions animalières classiques. Pas de document en effet chez nous sur le comportement des musaraignes, des reptiles ou des papillons. Évidemment, jamais d'images cruelles du type de celles où l'on voit un lion dévorant une gazelle. Point non plus de campagne tapageuse pour dénoncer la menace de disparition d'une espèce.

De surcroît, nous ne pouvons acheter, comme les émissions classiques, des films espagnols, anglais, américains ou tchécoslovaques.

Il nous faut trouver, créer nos propres sujets, ce qui n'est pas un mince travail. Ce qui fait donc l'originalité de « Trente Millions d'amis », c'est sa démarche pour aborder les relations « homme-animal ». Émission sur les animaux, oui, mais surtout émission sur les êtres humains, leur attitude, leur pensée.

Souvent, en parlant de leur chien ou de leur chat, ceux que nous interviewons, ministres ou O.S., écrivains ou employés, ne nous livrent pas seulement une facette de leur personnalité mais bien, à travers les propos qu'ils tiennent sur les animaux ou sur le reste, la véritable motivation de leur propre vie.

Dès que le nouvel horaire de l'émission fut connu, plus de 12 000 lettres de protestation s'accumulèrent sur les bureaux des responsables des programmes, ce qui représente un nombre non négligeable de sacs postaux.

Dans le même temps, la presse se faisait l'écho de réactions indignées venues des quatre coins de la France. Des personnalités qui avaient été invitées à l'émission intervinrent. Comme sur notre plateau étaient accueillis des hommes politiques de tous horizons, avec pour seul critère qu'ils soient possesseurs d'animaux de compagnie, certains s'en étaient souvenus et non des moindres... Grâce à toutes ces protestations, très vite, nous avons retrouvé notre ancien horaire.

Un journaliste a écrit qu'avec « Trente Millions d'amis » les animaux avaient leur « Cinq Colonnes à la une ».

Toute proportion gardée, il n'avait pas tort car il est vrai que nous travaillons à la manière de la célèbre équipe.

Sujets choisis, décidés, les réalisateurs et les journalistes partent vers leur tournage.

A leur retour, ils me montrent les premiers « rushes ».

Ensuite a lieu un visionnage collectif auquel tout le monde participe : producteur, assistants de production, journalistes, réalisateurs, cadreurs, monteurs, et chacun apprécie ou critique.

Cet « examen », s'il est parfois un peu dur pour les auteurs de la séquence, nous permet de « peaufiner » les sujets et surtout me permet d'assurer une unité de ton indispensable.

On estime officiellement que notre public représente sept à huit millions de téléspectateurs.

Nous dépassons donc « Apostrophes », ce qui a fait dire à Françoise Sagan, à qui un journaliste demandait ce que représentait pour elle la célébrité : « La célébrité, ce n'est pas de passer chez Pivot, ce qui est logique pour un auteur, mais dans " Trente Millions d'amis ", où j'ai fait un malheur... » De son côté, François Nourrissier affirmait : « C'est la plus importante émission littéraire de la télévision, puisque tous les grands écrivains s'y produisent. »

Pourquoi ai-je fait appel à des auteurs célèbres, d'André Malraux à Eugène Ionesco, ainsi qu'à des comédiens, des chanteurs, des hommes politiques ?

Essentiellement pour montrer que ces hommes, ces femmes, apparemment comblés par la vie et le succès, éprouvaient malgré tout, à l'image de chacun d'entre nous, l'impérieux désir d'avoir un animal à aimer, fût-il — et c'est souvent le cas — le dernier des corniauds.

Ainsi, je donnais aux animaux, d'une certaine façon, leurs lettres de noblesse.

Dans les tout premiers temps de l'émission, je me suis laissé dire que, pour passer à l'antenne, certains auteurs n'avaient pas hésité à adopter un chien ou un chat !

J'essaie à présent, dans la mesure du possible, de ne plus me laisser abuser par ce subterfuge, et si un maître nous paraît peu convaincant dans ses rapports avec son animal favori, alors nous enquêtons. Mais ce problème ne me tracasse pas trop : si quelques chiens ou chats ont ainsi pu trouver un foyer, tant mieux, j'aurai contribué à faire leur bonheur !

Dans cette même optique, nous avons aussi fait appel à de nombreux artistes et comédiens pour présenter l'émission ou participer aux opérations d'adoption. Qu'il me soit permis de remercier ici, dans le désordre et en étant sûr d'en avoir oublié quelques-uns (que ceux-ci me le pardonnent) nos amis Thierry le Luron, Henri Virlojeux, Michèle Torr, Sim, Maria Pacôme, Jean Carmet, Jean Lefebvre, Jacqueline Maillan, Catherine Alric, Nicole Calfan, Jean-Claude Brialy, Michel Audiard, Jacques Balutin, Claudine Coster, Frédérique Hébrard, Micheline Dax[1]...

Mais loin de nous limiter aux célébrités, nous avons surtout donné la parole, nous y reviendrons, aux anonymes qui dépensent des trésors de dévouement et d'ingéniosité pour protéger les animaux.

Plus de trois cents émissions ont été déjà programmées, plus de mille sujets traités, plus de trois cents kilomètres de pellicule impressionnés.

Nos rubriques régulières ont l'ambition d'aider et de soutenir les possesseurs d'animaux de compagnie : conseils pratiques et juridiques, informations et dossiers sur l'actualité, étude des diverses races, ainsi que la séquence « S.O.S. animaux perdus » dans laquelle nous diffusons chaque semaine, gratuitement, une liste d'animaux tatoués recherchés par leurs maîtres ; enfin, le

---

1. Retombée bénéfique du passage de nombreux comédiens dans l'émission : un certain nombre d'entre eux, réunis en association, refusent désormais de tourner dans des films où des animaux risquent d'être maltraités.

« tableau d'honneur » dresse le portrait d'une personne qui lutte pour protéger les bêtes.

L'émission a mis à l'ordre du jour de nombreux problèmes qui jusqu'alors n'étaient pratiquement pas évoqués dans les médias, comme l'abandon des animaux familiers, le trafic des chiens, les conditions scandaleuses du transport des animaux de boucherie, les dangers des pièges à mâchoires et des produits empoisonnés dans les campagnes, la vivisection...

Notre grand souci est de traiter tous ces sujets avec la plus grande objectivité possible. Par exemple, en ce qui concerne l'abandon des animaux, nous ne prenons pas en compte le chiffre parfois avancé de 300 000 par an.

C'est là un pieux mensonge, commis par certaines sociétés de défense des animaux pour frapper l'opinion publique.

En fait, le chiffre réel doit osciller entre 50 000 et 80 000 par an. C'est beaucoup, beaucoup trop, certes, mais plus exact. De toute façon, gonfler artificiellement les chiffres n'est pas une bonne politique, car cela donne des armes aux ennemis des animaux, qui dénoncent alors leur « prolifération anarchique » avec d'autant plus de vigueur !

Comme le nombre d'animaux de compagnie augmente régulièrement et que cette fourchette de chiffres que j'ai citée est stable, cela nous donne à penser que notre combat contre l'abandon a porté quelques fruits...

De même sommes-nous objectifs et nuancés en ce qui concerne le problème de l'expérimentation sur les animaux en laboratoire. Il est évident que si telle ou telle expérience peut sauver des millions de vies humaines, alors tant pis, nous devons l'accepter.

Beaucoup de progrès en médecine n'ont pu être accomplis qu'à ce prix, qu'il s'agisse de la mise au point des vaccins ou des analgésiques. Mais on peut se demander si la plupart des expérimentations actuelles ont vraiment cette finalité.

Tester par exemple des produits de beauté ou de ménage n'a aucun rapport avec la recherche scientifique, et il n'y a aucune raison pour qu'un animal, ou dix, ou cent (les laboratoires ne lésinent pas) souffrent et meurent pour qu'une femme puisse se mettre du rimmel sans risquer d'avoir des boutons !

En tout état de cause, il n'est plus possible d'admettre que l'on fasse des expériences sur des animaux non anesthésiés, et que les laboratoires puissent acquérir des chiens et des chats sans se soucier de leur provenance, alors qu'il s'agit souvent d'animaux volés.

De grands laboratoires pharmaceutiques ayant pignon sur rue achètent des chiens à des pourvoyeurs, que les bêtes soient tatouées ou non. Ces pourvoyeurs se procurent leur « marchandise » en écumant les campagnes ou en faisant passer de petites annonces où ils déclarent vouloir acheter ou adopter des animaux.

De telles pratiques sont heureusement condamnées à disparaître, non parce que les dirigeants de ces laboratoires se sont soudain émus du côté ignoble de leurs pratiques, mais plus simplement parce qu'ils se sont aperçus que, dans bien des cas, l'utilisation de chiens de toutes espèces conduisait à un manque d'homogénéité dans le résultat des expériences.

On tend maintenant à mettre au point des élevages spéciaux, soit de souris ou de rats, soit de chiens de race beagle (chiens courants sans voix). Tous les grands centres de recherche possèdent déjà ce genre d'élevages. Les chiens qui s'y trouvent naissent en captivité et ne connaissent donc pas le drame des animaux choyés et aimés une partie de leur vie, puis brutalement soumis à des opérations douloureuses. Mais pour autant, est-ce satisfaisant ? Certes non. La solution vers laquelle on se dirige, mais qu'on n'atteindra sans doute que dans des dizaines d'années, sera de remplacer l'expérimentation animale par des tests sur des cultures cellulaires ou sur des appareils de laboratoire sophistiqués.

Je pense que les « vivisections barbares » sont plus rares qu'on ne le croit généralement, mais que le monde scientifique, par méfiance et goût du secret, répugne à rendre des comptes et à faire la transparence sur ses activités.

Dès lors, on peut lui prêter les plus abominables pratiques, et c'est sans doute ce qui explique les positions extrêmes de certaines associations, pour qui tous les chercheurs ne sont que des sadiques...

Il importe donc qu'on fasse la lumière, que les laboratoires ouvrent grand leurs portes et se justifient en démontrant l'utilité de leurs expérimentations.

L'administration a aussi sa part de responsabilité : c'est elle qui, au départ, exige des dizaines et des dizaines de tests, pour la plupart aujourd'hui inutiles, avant d'autoriser la mise sur le marché de produits dont la composition est archiconnue.

Est-il toujours nécessaire d'instiller un produit à base de chlore lancé dans le commerce avec une formule nouvelle, dans les yeux d'un chat ou d'un lapin pour savoir quel effet il provoque ? Il *brûle*, on le sait...

En tout état de cause, je m'insurge violemment contre l'utilisation des chiens et des chats, dont je rappelle que dans notre société, notre civilisation, ils sont les seuls animaux à n'avoir pas pour finalité de servir de nourriture à l'homme.

Je sais que cette « discrimination » est mal ressentie par certains et je reconnais qu'elle est en contradiction avec ma philosophie générale quant à la vie animale, mais lorsqu'on a entrepris un combat, il faut être efficace et c'est au nom de cette efficacité que je distingue les animaux de compagnie — qui de plus reçoivent une « identité » grâce au tatouage — des autres espèces domestiques. Comprenons-nous bien : je souhaite la disparition totale de la vivisection et à terme celle de l'expérimentation sur des animaux, mais nous devons exiger tout de suite, aujourd'hui, l'arrêt de toutes les expériences sur les chiens et les chats.

Beaucoup de problèmes tels que celui-ci ne seront résolus que lorsque les animaux de compagnie bénéficieront enfin d'un statut juridique. C'est à cette reconnaissance officielle par la loi que visent tous nos efforts, aussi bien dans l'émission que dans les colonnes du magazine ou dans les prises de position de l'A.D.A.C.

Il faut savoir qu'actuellement, la loi assimile pratiquement les chiens et les chats à des objets, possédant certes une valeur marchande, mais dénués de toute sensibilité. Aucune distinction n'existe entre les chiens, les chats... et le bétail et la volaille : tous dépendent du même Code rural.

Ceci donne les aberrations suivantes : un homme peut à tout moment prendre son fusil, tuer son chien ou ses trois ou quatre chiens, s'il le veut. Il ne risque aucune poursuite judiciaire. A la campagne, s'il rencontre un chat « errant » à plus de deux cents mètres d'une maison, il peut aussi le tuer, la loi ne lui demandera pas de rendre des comptes !

Le statut juridique devra établir que les chiens et les chats sont des *êtres vivants*, à ce titre dignes de respect.

Tout propriétaire d'un animal de compagnie devra le faire tatouer et en sera responsable. Les tatouages étant répertoriés sur ordinateur par la Société centrale canine, si par exemple un chien cause des dégâts ou mord, on pourra facilement retrouver son propriétaire et lui faire payer les préjudices causés par l'animal.

Ainsi naîtra une plus grande responsabilité des maîtres. Par exemple, les gens hésiteront à offrir un chien ou un chat comme cadeau de Noël à leurs enfants, pour le lâcher dans la nature lors du départ de la famille en vacances, car grâce au numéro de tatouage de l'animal, on pourra facilement remonter jusqu'à eux et leur faire payer une amende qui pourra par exemple couvrir les frais de pension du refuge où la bête aura été recueillie.

Ce statut juridique sera bénéfique pour toute la collectivité. Non seulement les propriétaires d'animaux seront sécurisés (en cas de perte ou de vol, des listes de numéros de tatouage circuleront), mais les autres citoyens bénéficieront de recours plus aisés en cas de préjudice, ce qui rendra leur cohabitation avec nos amis à quatre pattes plus confortable, et marquera peut-être la fin du combat des « pour » et des « contre »...

Quant aux animaux eux-mêmes, inutile de souligner tout ce que cette réglementation leur apportera.

Le cas des chevaux, lui, est encore à résoudre. Le cheval, cet être qui nous accompagne depuis des millénaires, qui nous procure tant de joies, n'a pas pour destin de finir à la boucherie, ce qui est hélas encore le sort de la plupart d'entre eux, même quand ils ont été des *cracks* adulés des foules. Il faudrait, pour que tous nos amis échappent à la boucherie, dissuader les gens de manger de la viande de cheval. Ainsi, ces animaux pourraient jouir d'une retraite heureuse et bien gagnée.

Pour tous nos combats, nous employons une certaine tactique, qui consiste à montrer des images qui sensibilisent plutôt qu'à dénoncer et nous évite d'utiliser le procédé qui consiste à diffuser des images horribles ou scandaleuses pour le seul profit de sa propre publicité...

Ainsi, en ce qui concerne la chasse à courre, nous avons choisi de faire des reportages sur des biches recueillies par des personnes au cœur généreux, et même par une classe d'enfants. Notre méthode est de dire : « Mais comment peut-on continuer de poursuivre et de tuer ces gentils animaux ? » De même, pendant des années, nous avons consacré des reportages aux pigeons et, tout naturellement, est intervenue en 1980 l'interdiction du tir aux pigeons vivants.

D'ailleurs, quand nous changeons de ton, quand nous nous attaquons plus durement à un sujet, où nous mettons en cause une administration ou une collectivité, nous recevons de nombreuses lettres nous prévenant : « Non, s'il vous plaît, gardez à votre émission son caractère d'humour et de tendresse. Des images atroces, des polémiques, on en voit assez sur le petit écran, montrez-nous que le monde peut aussi être beau... »

C'est vrai que si l'on considère les programmes des trois chaînes, « Trente Millions d'amis » est l'une des rares émissions qui ne soit ni ricanante ni pessimiste.

Une demi-heure de tendresse et d'amour sur l'ensemble des programmes de la semaine... je comprends que les téléspectateurs y tiennent.

Dans notre émission, on ne se moque pas, on parle de bons sentiments, on montre « les trains qui arrivent à l'heure » et plus souvent le rose que le noir.

C'est parfois moins aisé qu'il pourrait y paraître, car il est plus difficile de faire sourire Margot que de la faire pleurer...

Notre gentillesse, le fait que dans notre émission on soit franc-jeu, nous ont valu d'être très bien reçus partout.

Il me revient d'ailleurs à l'esprit une anecdote significative.

J'avais, il y a quelques années, décidé de consacrer une petite étude aux animaux que possédaient les ministres en exercice. J'avais demandé à un dessinateur humoristique de représenter un conseil des ministres où, sur chaque chaise, se tiendrait non pas le tenant du portefeuille... mais son animal favori.

Encore fallait-il savoir quel était cet animal favori.

Michèle Cotta, une « fan » de notre émission, alors chef du service politique à R.T.L., avait trouvé l'idée très amusante et décidé de mener sa petite enquête. Elle avait donc téléphoné aux secrétariats des divers ministres... et s'était rapidement rendu compte qu'elle se trouvait face à un mur.

Manifestement, on se méfiait de cette journaliste politique soudain intéressée par des problèmes de chats et de chiens, on redoutait je ne sais quel piège !

Elle me fit part de ses difficultés ! Je lui conseillai de ne pas se nommer mais de dire simplement : « Ici " Trente Millions d'amis ", nous voudrions, etc. »

Elle suivit cette recommandation et me rappela une heure plus tard, en riant beaucoup, pour m'annoncer que le seul nom de l'émission avait agi en véritable « Sésame » : on s'était empressé de lui préciser non seulement quel était le compagnon favori de Monsieur le Ministre, mais aussi quel était son caractère, ce qu'il mangeait, ses petits exploits, etc.

Autre marque de cette confiance qu'on nous accorde : notre équipe a le droit de tourner dans les bases stratégiques militaires, où beaucoup de nos confrères se voient refuser l'entrée.

Nous avons toujours en effet entretenu d'excellents rapports avec les ministres de la Défense qui se sont succédé, tous grands amis des animaux.

On doit noter à ce sujet que le ministère de la Défense est le plus grand propriétaire de chiens de France — ils sont plus de 6 000, répartis dans les diverses bases et casernes dont ils assurent la protection, et nous avons dit avec quelle efficacité.

Ainsi, le ministre de la Défense est le seul, parmi tous ses collègues, qui ait la chance de posséder 6 000 fonctionnaires parfaitement opérationnels qui se contentent, qu'il pleuve ou qu'il vente, d'une simple pitance et marchent au doigt et à l'œil sans jamais regimber. Quelle chance, quel rêve !

Mettant à profit les excellents rapports que j'ai toujours entretenus avec ce ministère, je suis intervenu récemment auprès de M. Charles Hernu pour que les chiens de l'armée ou de la gendarmerie ayant atteint la limite d'âge ne soient plus vendus par lots, à l'encan, par les domaines, mais soient cédés à des civils, étant bien entendu qu'ils retourneraient par priorité auprès des maîtres qu'ils avaient eus précédemment, ou alors qu'ils puissent bénéficier d'une retraite bien gagnée dans les chenils de l'armée. Charles Hernu, grand ami des animaux, a eu la gentillesse et la générosité de réaliser ces souhaits.

Quelque temps plus tard, j'ai entrepris une autre démarche auprès de lui. Dans la nuit du 2 au 3 novembre 1982, le G.I.G.N. (Groupe d'intervention de la Gendarmerie nationale) cernait dans une maison le « forcené des Vosges », qui avait abattu son voisin et blessé un gendarme. Pour distraire son attention, le G.I.G.N. envoya un berger allemand. L'animal fut tué par l'homme, qui était tireur d'élite (fait que les policiers ignoraient). Néanmoins, quatre heures plus tard, les assiégeants lâchaient un second chien, qui fut abattu à son tour.

Au nom de l'A.D.A.C. et de l'émission, après avoir évoqué ce cas sur le petit écran, nous sommes intervenus auprès du ministre pour déplorer la légèreté avec laquelle on avait inutilement envoyé des chiens à la mort, ce qui dans le cas du second était encore plus inexcusable.

M. Charles Hernu nous a répondu qu'il tenait compte de cette protestation et ordonnait une enquête. Par la suite, j'ai rencontré le capitaine Barril, alors chef du G.I.G.N. « Vous avez été dur avec nous dans vos attaques », m'a-t-il reproché.

— C'est vrai, on ne s'indigne pas souvent, mais là, nous avons décidé de le faire.

— Vous auriez préféré que ce soit un gendarme qui ait été tué ?

— Non, mais l'envoi du second chien, pour le moins, ne se justifiait absolument pas.

— Vous savez, on les aime bien, nos animaux, et nos maîtres-chiens étaient vraiment très affectés. M. le Ministre nous a demandé de lui fournir des explications et nous avons reçu une instruction selon laquelle, désormais, il nous faudrait prendre le maximum de précautions avant de faire intervenir des chiens dans de telles situations, et aussi étudier la possibilité de leur adapter un gilet pare-balles.

— Eh bien, en ce cas, nous sommes prêts à faire un reportage montrant à quel point vous prenez désormais soin de vos bêtes. »

J'espère bien pouvoir un jour présenter cette séquence.

Assez tôt, la nécessité d'un magazine lié à l'émission s'est fait sentir.

Un journal nous permettrait d'aller plus loin dans l'expression de notre indignation face aux pratiques de certains ennemis des animaux, ou de formuler des critiques plus personnalisées, dès lors que nous nous adressions à des lecteurs, c'est-à-dire à un public qui avait fait le choix d'acheter notre publication et partageait donc la plupart de ses positions.

Si, dans le mensuel *Trente Millions d'amis*, nous luttons également contre les abandons, le scandale des abattoirs, des pièges, et pour l'admission des animaux de compagnie dans les hôtels, les maisons de retraite ou sur les plages, nous le faisons à l'aide de dossiers plus fouillés, plus élaborés.

Nos positions — et en particulier mes éditoriaux — sont plus fermes, plus tranchées, et s'alimentent souvent du dialogue avec nos lecteurs. Ainsi nous est-il arrivé de critiquer les vétérinaires des villes qui, bien que leur profession soit florissante, rechignent à tenir des gardes le samedi et le dimanche.

Dans Paris et la région parisienne par exemple pendant les week-ends c'est le désert : seuls deux ou trois praticiens acceptent d'être de garde. Imaginons une brave dame habitant porte de Versailles : elle devra se rendre au Bourget pour faire soigner son chien !

Bien entendu, s'il est de bonne taille, il ne sera pas admis dans les transports en commun et les chauffeurs de taxi auront la liberté de le refuser à leur bord. Malheur à elle si elle ne possède pas de voiture...

D'une manière générale, on peut affirmer que rien n'est fait pour faciliter la vie des possesseurs d'animaux. S'ils veulent partir en vacances, ils ont le choix entre les mettre en pension, moyennant une petite fortune, ou les emmener avec eux et payer un droit de séjour à l'hôtel — s'ils ont la chance d'y être admis —, les pâtées étant facturées en supplément.

Sur les autoroutes, la plupart des lieux publics leur seront interdits, sous prétexte qu'on y vend trois bonbons et deux sandwiches...

Il y a en France 9 millions de chiens, 8 millions de chats[1], 8 millions d'oiseaux, 5 millions de poissons, 2 millions de tortues, hamsters, lapins, etc., et 200 000 chevaux. Cela fait un total de 32 millions d'animaux. La France comptant 15 millions de foyers, cela signifie que plus de 52 % d'entre eux possèdent un ou plusieurs animaux familiers ! Nous détenons, compte tenu de notre population, le record du monde ! Les États-Unis ne sont que seconds...

Or, cette majorité silencieuse subit sans réagir des règlements surannés ou stupides et les attaques des ennemis des bêtes, qui sont une infime minorité, mais une minorité souvent agissante. Tous les propriétaires d'animaux de compagnie pourraient pourtant constituer une force extraordinaire.

---

1. Autant il est aisé de recenser les chiens, autant il est plus difficile de connaître le nombre exact des chats, car beaucoup d'entre eux vivent en liberté dans les cimetières, les parcs et la campagne. 10 millions semble un chiffre plus près de la vérité.

LE COMBAT POUR LES ANIMAUX

C'est en songeant à eux, et à la nécessité qu'il y avait de passer de la parole aux actes, que j'ai fondé en 1982 l'A.D.A.C. (Association de défense des animaux de compagnie).

Si un magazine, une émission sensibilisent, une association mobilise.

Déjà, nous avons lancé de vastes campagnes auprès des pouvoirs publics ou des collectivités locales contre la vivisection (et nous avons fait échouer un projet d'implantation de laboratoire), pour l'obligation du tatouage, pour la construction d'un refuge par canton, pour un statut de l'animal de compagnie, pour l'accès de nos amis aux transports en commun [1], ainsi que pour la prolongation des délais de garde en fourrière.

Il faut savoir, pour ce dernier point, que la France possède un certain retard : aux États-Unis, le délai minimal de garde est de cinq à sept jours, et en Grèce, on vient d'interdire tout simplement l'euthanasie des chiens !

L'action de l'A.D.A.C. pourra aussi s'étendre à d'autres domaines. Aux États-Unis, les associations de défense des animaux envoient leurs représentants vérifier si, pendant le tournage des films, les bêtes sont bien traitées. Si tel n'est pas le cas, ces associations sont assez puissantes pour organiser le boycott du film ! Aussi les producteurs demandent-ils maintenant la présence d'un membre de l'une de ces associations pendant le tournage, afin d'attester que tout s'est déroulé dans les meilleures conditions pour nos amis.

Parfois, quand grâce à des trucages, le film montre des animaux souffrant de traitements barbares, le générique prend soin alors de préciser qu'un représentant de l'une de ces associations était présent au tournage. On peut parfaitement imaginer une action identique dans notre pays.

Un autre exemple de la puissance de ces associations :

---
1. En Belgique, ils viennent d'y être admis.

toujours aux États-Unis, l'armée avait l'intention de procéder à des expériences de tir sur les chiens, afin d'étudier les blessures de guerre. Elle a dû y renoncer face aux campagnes organisées par les amis des bêtes.

Hélas, les Canadiens, eux, continuent de se livrer impunément à ces cruelles pratiques. Il est vrai que nos amis canadiens ont déjà à se reprocher le massacre des bébés phoques. N'oublions pas non plus qu'à Montréal un règlement municipal récent interdit de posséder plus de deux animaux de compagnie par foyer.

Il faut que ceux qui aiment les bêtes soient vigilants, car ce qui se passe à l'étranger peut fort bien un jour advenir chez nous.

L'une des raisons de la création de l'A.D.A.C. est d'ailleurs la nécessité de pouvoir un jour mobiliser très vite beaucoup de monde, afin de défendre le « droit à l'amour » auquel nous tenons tant.

Ce droit, un homme — et pas n'importe lequel — l'a récemment exercé, à ses risques et périls. Il s'agit du ministre des Finances d'Islande, M. Albert Gudmunsson. Il habite Reykjavik, la capitale de ce pays, où un règlement municipal datant de 1924 interdit la présence de chiens (les ennemis des animaux les suspectant à cette époque de transmettre des maladies...).

En juillet 1981, une équipe de « Trente Millions d'amis » avait pu constater qu'il n'était pas question pour les habitants de Reykjavik de transgresser cette interdiction... du moins le jour, car dès la nuit tombée, on pouvait entrevoir des clandestins promener leur compagnon à l'abri des regards indiscrets. Émus par une telle situation, nous avions interrogé la présidente de la République Mme Finbogadottir qui, dans un français très pur (elle a fait une partie de ses études à Grenoble) nous avait expliqué qu'elle n'avait malheureusement pas le pouvoir d'abroger un règlement municipal.

Et voilà qu'à la suite d'une dénonciation, la police a su

que le ministre des Finances abritait chez lui une chienne de douze ans, Lucy, qui aurait été abandonnée à l'âge de deux ans et que ses enfants lui avaient amenée. Il s'était pris d'affection pour elle, l'avait cachée pendant des années.

Mis en demeure de se séparer de son animal de la façon qu'il voudrait (la meilleure étant de la placer quelque part à la campagne), il a répondu que cela ne lui était pas possible et que, plutôt que d'abandonner sa chienne, il était prêt à démissionner et à s'exiler éventuellement en France (où il a été dans les années soixante footballeur au Racing-Club de Paris et à l'O.G.C.-Nice).

Au moment où j'écris ces lignes, nous ne savons pas encore comment l'affaire va se terminer, mais elle est très révélatrice de la nouvelle sensibilité qui, par bonheur, gagne chaque jour du terrain. Il est assez rare — et sans doute unique — de voir un ministre mettre en jeu son portefeuille par amour pour son chien, et une telle attitude mérite d'être soulignée...

Ce qui se noue entre l'homme et l'animal procède souvent d'éléments mystérieux enracinés au plus profond du subconscient.

Certains chiens, en particulier, semblent communiquer avec leurs maîtres par ce que l'on a l'habitude d'appeler un sixième sens.

Nombreux sont les exemples de chiens se rendant chaque jour sur la tombe de ceux-ci.

Dans l'émission « Trente Millions d'amis », nous avons d'ailleurs filmé un petit bâtard noir effectuant cet étrange pèlerinage.

Ces animaux sont capables, ainsi d'ailleurs que les chats, de parcourir des distances considérables pour retrouver l'être aimé.

Une illustration de ce don particulier fit grand bruit il y a quelques années, aux États-Unis.

Un électricien de San Francisco, accompagné de son chien, prit le train pour New York — c'est-à-dire qu'il traversa l'Amérique d'ouest en est. Dès leur arrivée, son compagnon s'égara. Pendant huit jours, il le chercha désespérément puis, la mort dans l'âme, revint à San Francisco par avion.

Cinq mois plus tard, le chien était de retour auprès de son maître !

La S.P.A. de Californie décida d'en savoir plus sur cet exploit peu banal. Avec l'aide des médias, elle lança une grande enquête fédérale, sollicitant le témoignage de tous ceux qui avaient pu se trouver en contact avec le chien, dont la photo fut largement diffusée.

Des gens se firent connaître et, peu à peu, on parvint à reconstituer le trajet qu'avait suivi l'animal.

De New York, il était remonté jusqu'au Canada, où il avait été recueilli par une famille. Là, il était resté quelques jours, puis était descendu vers le sud-ouest, passant de foyer en foyer, se faisant nourrir et reprenant des forces pour poursuivre son périple. Ainsi avait-il parcouru des milliers de kilomètres.

Quels éléments avaient donc pu le guider, alors qu'il avait effectué le voyage aller à bord d'un train ? Personne ne peut répondre à cette question. Simplement, on peut penser que l'amour qu'il portait à son maître, le besoin qu'il avait de le retrouver, lui avaient fait vaincre toutes les difficultés.

L'un de mes amis, rédacteur en chef au *Figaro*, m'a raconté à propos de son chien une histoire qui, sans être aussi sensationnelle, n'en reste pas moins tout aussi inexplicable.

Un jour, de New York, il téléphona à sa femme, dans les Yvelines, pour la prévenir qu'une grève à l'aéroport l'empêcherait d'arriver à Paris comme prévu le lendemain au train de 10 heures. Il ne fallait donc pas qu'elle vienne le chercher à la gare. Il lui était malheureusement impossible de prévoir le jour de son retour.

Le lendemain, la femme de mon ami alla, comme chaque jour, chercher ses enfants qui revenaient de leur lycée parisien par le train de 18 h 30. Le chien de la famille, un teckel, était toujours du voyage.

Dès que les enfants apparurent, le chien leur fit fête et tout le monde se dirigea vers la voiture.

Pourtant, au moment de monter à l'arrière, l'animal hésita, fit demi-tour et courut se poster devant la sortie des voyageurs.

On l'appela mais il ne bougea pas.

Manifestement, il attendait son maître.

On dut aller le chercher, le traîner jusqu'à la voiture, le faire monter de force. Mais profitant d'un moment d'inattention, il parvint à s'enfuir de nouveau pour aller se planter au même endroit.

Intriguée, sa maîtresse décida d'attendre pour voir ce qui pouvait bien motiver un comportement aussi bizarre.

Un train en provenance de Paris entra en gare et bientôt les voyageurs apparurent.

Le chien observa les passagers, parut hésiter et, lentement, comme à regret, se dirigea vers la voiture... puis il se ravisa et bondit reprendre sa faction.

Quelques secondes plus tard, son maître faisait son apparition.

A New York, il avait pu prendre place, au dernier moment, dans l'avion d'un ministre français qui, malgré la grève de l'aéroport, avait été autorisé à décoller. Mon ami n'avait pas eu le temps de prévenir sa femme.

Son chien, lui, était apparemment au courant.

C'est la seule interprétation qu'on puisse avancer devant le comportement de ce teckel. Il est piquant de constater qu'à l'époque où l'homme explore le cosmos, il n'est pas capable d'expliquer scientifiquement la nature des liens extra-sensoriels qui le lient à l'animal...

Mais, dira-t-on, comment se fait-il que, chaque année, des milliers de chiens soient abandonnés et qu'ils ne parviennent pas à retrouver leur foyer ?

Outre que ce don particulier n'est sans doute pas partagé par tous, je vois une raison qu'on pourra taxer d'idéaliste, et à laquelle je voudrais croire : pour qu'ils retrouvent leur chemin et fassent usage de ce fameux sixième sens, nos compagnons doivent être motivés, avoir le désir profond de retrouver leur maître.

Or, dans les cas d'abandon, ces maîtres n'aiment pas leur chien et ceux-ci le ressentent profondément. Dès lors disparaît en eux ce besoin impérieux de les retrouver...

Un autre aspect de notre combat : la création du prix littéraire « Trente Millions d'amis ».

Notre souci de valoriser l'animal nous a conduit à donner la parole à des personnalités du spectacle, des arts et des lettres ou de la politique. C'est ce même souci qui m'a amené à solliciter plus encore les écrivains amis des bêtes. J'ai pensé que le roman permettrait, à travers la fiction, de faire ressentir davantage la puissance de ce lien mystérieux qui unit l'homme à l'animal.

C'est pourquoi nous avons demandé à des écrivains de renom, possédant des animaux ou ayant écrit sur eux, de constituer le jury d'un prix littéraire destiné à couronner un ouvrage romanesque exaltant la présence des animaux de compagnie auprès de l'homme, que l'animal soit ou non le sujet principal de l'œuvre.

Christine de Rivoyre, Hervé Bazin, de l'Académie des Goncourt, Georges Conchon, Didier Decoin, Maurice Druon, de l'Académie française, Paul Guth, Jacques Laurent, François Nourrissier, de l'Académie des Goncourt, et Françoise Xenakis n'ont pas hésité à répondre à mon appel, constituant ainsi un jury où se trouvaient réunis des jurés et des lauréats à la fois du Goncourt et du prix de l'Académie française, ce qui est sans doute assez rare dans le monde littéraire !

Notre première réunion s'est tenue chez Drouant, dans le fameux salon des Goncourt, le mardi 4 octobre 1983, « jour symbolique s'il en est, m'a fait observer Paul Guth, puisque c'est la fête de saint François d'Assise » ! Le prix a été décerné le 5 décembre suivant à Jean-Louis Hue, pour son ouvrage *Le Chat dans tous ses états* (Éditions Grasset) à charge pour lui de remettre le montant de son prix — 4 000 francs — au refuge de son choix[1].

Il fallait aussi penser aux chevaux. Nous avons donc créé le prix « Crins blancs », qui a été décerné en décembre 1983 lors du salon du cheval. Il est destiné à récompenser chaque année la personne ou l'association qui aura entrepris l'œuvre humanitaire la plus marquante en faveur des chevaux et, notamment, en leur assurant une retraite heureuse. Le jury[2] — que je préside — a couronné pour cette première année madame Boon, directrice de l'œuvre de Pesh-Petit, où sont recueillis les vieux chevaux.

Mais s'il est vrai que des gens importants, des vedettes, s'expriment dans l'émission, nous accordons une place de choix aux « anonymes au grand cœur », à ces gens simples, guidés par leur amour des bêtes, et qui souvent réalisent de véritables exploits pour leur venir en aide.

---

1. Jean-Louis Hue a remis les 4 000 francs, pour moitié à notre amie la « pestiférée du périphérique » dont je raconte un peu plus loin l'histoire et pour moitié à M. Michel Cambazard, fondateur de l'association « L'École du chat libre ».

2. Composé de Jean-François Charry, Philippe Noiret, Jean Rochefort, Jacques Dufilho, Michèle Torr, Michel Fugain, Léon Zitrone, du colonel Durand (écuyer en chef du Cadre noir de Saumur), de Nicole Blanc (administratrice des Haras nationaux), de Louis Sorlin (président de la Ligue pour la protection du cheval) ainsi que de Bernard Chéhu (rédacteur en chef de *Cheval magazine*), Jacqueline Cartier (journaliste à *France-Soir*), du docteur Klein, de Juliette Mills et de Dany Saval.

Je songe en particulier à madame H., une ancienne institutrice qui, à 82 ans, vit dans l'île de Chatou, sous une tente entourée d'une sorte de jardinet dont les limites sont constituées de détritus.

Les milliers de personnes qui vont et viennent sur l'île ignorent sa présence. Madame H. vit en compagnie d'une trentaine de chiens, tous crasseux, tous heureux, qu'elle a trouvés errants ou que des propriétaires lui ont confiés pour s'en débarrasser. Un ami lui fait ses courses, assurant la maigre subsistance de la vieille dame et de ses pensionnaires.

Pour le reste, madame H., qui vit chichement de sa retraite, a résolu la plupart de ses problèmes. En ce qui concerne le chauffage, par exemple, chaque nuit une douzaine de ses chiens lui tiennent compagnie sous la tente.

Par quel cheminement de pensée cette femme intelligente et cultivée, qui tient un journal, qui reçoit chaque jour une douzaine de publications, en est-elle venue à ce qu'on pourrait appeler une forme de clochardisation ? Sans doute à un moment de sa vie s'est-elle sentie soudain étrangère à ses semblables, a-t-elle eu envie de tout abandonner. Les chiens, alors l'ont aidée à sauter le pas. En même temps qu'elle leur offrait un foyer, ils lui donnaient une raison d'être. Elle les servait, elle se servait d'eux.

Certains verront dans cette retraite une forme de sagesse, d'autres de folie. J'ai toujours remarqué qu'on avait l'habitude de considérer comme des gens bizarres, voire de doux dingues, les hommes et les femmes qui adoptent des animaux perdus. Les psychologues ou prétendus tels voient volontiers dans leur comportement quelque chose de « freudien » et s'interrogent gravement à leur sujet. En revanche, ils considèrent comme tout à fait « normaux » les passionnés de modèles réduits, de timbres-poste, ou ceux qui passent le plus clair de leur temps à tailler leurs rosiers.

Au nom de quelle hiérarchie de valeurs les amis des animaux sont-ils ainsi méprisés ? Sont-ils tellement différents des autres ? Ne pourrait-on pas non plus trouver quelque chose de « freudien » à passer des heures à contempler à la loupe des petits carrés de papier dentelé achetés une fortune ?...

Et que dire de cette phrase rituelle si souvent entendue : « Comment pouvez-vous vous occuper de chiens, de chats, alors que des enfants meurent de faim dans le tiers monde ? »

Sachez bien que ceux qui vous tiennent ce langage sont des ennemis des animaux. J'admets, bien que je le conçoive difficilement, que l'on n'aime pas les animaux. En revanche, je trouve mesquin et même ignoble d'utiliser comme argument la misère du tiers monde.

Observez d'abord que ceux qui vous lancent cette phrase ne font rien, eux, pour ces enfants — si vous leur posez la question et s'ils sont honnêtes, ils vous l'avoueront.

En revanche, je connais, et je ne suis pas le seul, beaucoup d'amis des animaux qui versent aussi bien leur obole à la S.P.A. ou à l'A.D.A.C. qu'aux organisations humanitaires qui luttent contre la faim dans le monde. Ils ne font aucune dissociation, la générosité n'ayant pour eux pas de limites. Je me souviens du cri d'alarme de cette femme, « médecin aux pieds nus » revenant du Laos qui s'inquiétait non seulement du sort des enfants qu'elle laissait là-bas, mais aussi de celui des animaux qu'elle avait adoptés.

Mais allons plus loin. Est-ce que, parce que des enfants meurent à l'autre bout du monde, nous devons abandonner nos animaux ? L'argent qu'on cesserait de leur consacrer irait-il pour autant à ces enfants ?

Tout le monde sait que la réponse est non, que leur misère tient à des causes géopolitiques. Pour le prix d'un avion de combat, on pourrait nourrir cinquante mille personnes pendant un an : que les donneurs de leçons de morale à bon compte s'attaquent donc plutôt aux marchands d'armes et à leurs clients, et laissent en paix les amis des animaux !

C'est en partie pour lutter contre tous ces préjugés, ces attaques, que nous avons voulu donner la parole à ceux qui se dévouent pour la cause animale, parfois au détriment de leur image sociale.

Ainsi madame G., la « pestiférée du périphérique », que son amour pour les chats a conduit à un long et périlleux combat.

Il y a quelque temps, remarquant qu'un groupe de chats errants vivaient dans un terrain vague bordant le boulevard périphérique, près de son domicile porte de Pantin, elle a décidé, le soir après son travail, de leur apporter un peu de nourriture. Ce terrain, qui appartient à l'administration de la Ville de Paris, était fermé par une porte métallique qu'il suffisait de pousser.

Mme G. a donc nourri les chats qui, rapidement, se sont donné le mot, si bien qu'ils n'ont pas tardé à être une vingtaine à profiter de sa générosité. Ces chats errants n'étaient en rien nuisibles. Au contraire, ils « faisaient le ménage » dans les caves des H.L.M. et rendaient ainsi de précieux services aux hommes sans rien leur demander en échange. Certes, ils miaulaient parfois la nuit, mais la gêne qu'ils pouvaient causer n'avait rien de comparable au bruit incessant de la circulation sur le boulevard périphérique voisin.

Il n'empêche que madame G. a très vite été considérée comme une « gêneuse ». Des gens se sont plaints — de quoi, grand Dieu ? — et l'administration a réagi aussitôt en mettant un verrou à la porte. La loi, il est vrai, est formelle : dans les villes, on ne doit pas nourrir les animaux errants, c'est-à-dire non seulement les chats ou les chiens... mais aussi les pigeons. Bien entendu, cela n'empêche personne de le faire, mais enfin la loi est la loi.

Mme G. s'est procurée une clé et a pu franchir le seuil interdit. Pendant deux ou trois mois, elle a continué de nourrir ses chats, puis, à la suite de nouvelles plaintes, l'administration, qui apparemment considérait son terrain vague comme un véritable trésor à défendre contre toute intrusion, a mis une chaîne à la porte, munie d'un gros cadenas.

Il en fallait plus pour faire reculer madame G. qui s'est procurée une scie à métaux et a sectionné la chaîne.

Nouvelles plaintes. Cette fois, l'administration a employé les grands moyens : on a soudé le battant de la porte aux montants ! Face à cette parade digne du général Maginot, madame G. semblait vaincue.

Mais c'était compter sans sa passion obstinée et inventive. Après avoir beaucoup cherché, elle a découvert une autre voie d'accès au terrain.

Et chaque soir, elle risque sa vie.

On peut la voir traverser le boulevard périphérique en bravant l'intense circulation — ce qui est rigoureusement interdit — puis franchir la rambarde et descendre le flanc d'un ravin escarpé en se cramponnant à quelques maigres arbustes (rude exercice pour cette femme corpulente de plus de 63 ans) pour enfin rejoindre ses amis chats. Elle les nourrit, les soigne, été comme hiver, puis remonte la pente abrupte du ravin à la force des poignets, retraverse le périphérique... et rentre chez elle le cœur content.

Ainsi, sa foi énorme a triomphé des voisins et de l'administration ! Je suis intervenu pour qu'elle puisse *normalement* aller voir ses chats, sans être contrainte de risquer sa vie. Espérons que quand ce livre paraîtra, l'affaire sera résolue...

Je me suis souvent demandé comment on en arrive à devenir une « mémère à chats » — il se trouve que, statistiquement, 95 % des personnes qui s'occupent de chats errants sont des femmes, alors que dans le cas des chiens, la proportion n'est que de la moitié.

Il y a là un certain mystère. Je connais des personnes qui vivent avec vingt, trente ou quarante chats chez elles.

Quand on les interroge, leur réponse est toujours la même : « J'en ai eu un, deux, trois, et puis ils ont proliféré... ensuite les voisins m'en ont apportés, parce qu'ils n'en voulaient plus chez eux, alors je les ai adoptés. » Ce sont donc des gens qui ont été en quelque sorte dépassés par les événements, mais se sont entêtés, quitte à se mettre à dos tout le voisinage.

Il y a là un rare exemple d'obstination dans l'amour, de courage aussi, quand l'on sait à quel point les ennemis des animaux sont tenaces.

Les chats errants constituent un faux problème, typique de la mauvaise foi de ces ennemis des animaux. Sans cesse, ils dénoncent leurs méfaits, alors que ces braves matous non seulement ne font de mal à personne mais, je l'ai dit, évitent la prolifération des rats. C'est ainsi qu'on en rencontre beaucoup non seulement dans les caves des grands ensembles, mais aussi dans les cimetières ou dans les hôpitaux où ils s'avèrent fort utiles.

— Quand je mourrai, nous confiait le chanoine de Notre-Dame, qui a donné refuge dans son jardin aux chats errants de l'île de la Cité, j'aurai le plaisir, dans l'éternité, de savoir qu'au-dessus de ma tombe, au Père-Lachaise, vivent et s'amusent mes amis les chats.

De plus en plus de gens viennent en aide à nos amis félins. Ainsi, non loin d'un célèbre château près de Paris, s'est constituée une association informelle dont les membres se sont engagés à nourrir et à soigner à tour de rôle (vacances comprises) les chats qui se sont réfugiés en grand nombre dans le parc dudit château.

Mais nourrir les chats errants n'est pas suffisant, il faut aussi les protéger et veiller à ce qu'ils bénéficient d'un statut dans la cité. C'est à cette tâche que s'est attelée « L'École du chat », formée de bénévoles qui, à Paris et maintenant en province, recensent les chats errants, les stérilisent et les tatouent, afin qu'ils soient reconnus comme des habitants à part entière des villes.

Toutes les personnes qui se dévouent à la cause animale ne sont pas, loin s'en faut, des marginaux.

Je pense en particulier à cet O.S. du Mans, travaillant chez Renault, qui a construit un mini-refuge pour chiens dans la cour de sa modeste maison. Afin d'être plus près d'eux, de mieux pouvoir les nourrir, les soigner, recevoir les personnes susceptibles de les adopter, il travaille la nuit. Et que dire de cet homme que j'ai baptisé « le patineur de Tours » ? Ce commerçant qui, dans sa jeunesse, a été champion de patins à roulettes, participe activement au fonctionnement du centre de la S.P.A. de la ville. Afin de pouvoir assurer la subsistance des animaux, il passe chaque matin sur les marchés et dans les rues de la ville en faisant une exhibition de patins à roulettes. Outre un peu d'argent, il récolte de la nourriture pour ses pensionnaires...

Ces hommes, ces femmes, qui ne sont guidés que par le souci de soulager la misère animale, qui dépensent des trésors d'énergie et d'ingéniosité pour se procurer de quoi mener à bien leur mission, écrivent tous ensemble une nouvelle page de la longue histoire qui lie, à travers les âges, l'homme à l'animal.

Pourtant, si notre amour pour nos compagnons s'est particulièrement amplifié ces dix dernières années, il n'a pas commencé d'exister il y a quelques décennies.

On trouve déjà dans Homère des pages émouvantes où le chien est célébré comme le loyal compagnon et défenseur de l'homme.

C'est la première apparition du chien dans la littérature. Dans *L'Odyssée*, Homère chante les mérites d'Argos (ou Argus), le vieux chien du foyer qui, quand son maître revient à Ithaque après vingt ans d'absence, déguisé en mendiant, est le seul à le reconnaître et ne peut survivre à sa joie...

Pour autant, on ne trouve pas dans les œuvres du poète grec une seule victoire qui n'entraîne des sacrifices en masse d'animaux, surtout bœufs et oiseaux.

Cicéron, lui, remarquait « la loyauté si constante des chiens, la finesse de leur flair, leur dévotion si affectueuse envers leur maître ». Que signifient de telles dispositions, se demandait-il, et il concluait : « Les chiens semblent bien avoir été créés pour le plus grand bien de l'humanité. »

Montaigne, qui s'élevait avec vigueur contre le combat de chiens alors en vogue, écrivait : « L'amitié du chien est sans conteste plus vive et plus consistante que celle de l'homme. » Il aimait d'ailleurs également beaucoup les chats, qui continuaient malheureusement de subir encore d'odieuses brimades.

— Je hais leurs yeux, leur front et leur regard », disait d'eux Ronsard. Par bonheur, son ami du Bellay écrivit sur la mort de Belaud, son petit chat, un poème fort émouvant qui commence ainsi : « A peu que le cœur ne me crève — Quand j'en parle ou que j'en écris — C'est Belaud mon petit chat gris — Belaud qui fut, par aventure — Le plus bel œuvre de la nature... »

A l'époque classique, la perception que l'on avait des animaux était fort diverse.

Pour Descartes, ils n'étaient tout simplement... que des machineries insensibles, opinion qui indignait Madame de Sévigné : « Des machines qui aiment, qui ont une élection pour quelqu'un, des machines qui sont jalouses... allons ! Jamais Descartes n'a prétendu nous le faire croire ! »

Le siècle des Lumières ne vit pas s'opposer Voltaire à Rousseau sur le seul terrain de la philosophie : si l'auteur de *Candide* était allergique aux chats, Rousseau, lui, parle longuement dans ses *Confessions* de Turc, son cher et fidèle chien. Il dira à sa mort : « Turc n'était qu'un chien, mais il m'aimait. Il était sensible, désintéressé... combien de prétendus amis ne le valaient pas. »

Pour ce qui est des rapports de l'auteur de *La Nouvelle Héloïse* avec les chats, Claude Manceron, le célèbre historien, me raconta l'anecdote suivante : « Jean-Jacques adorait les chats. A la fin de sa vie, un jeune Anglais, admirateur fervent de ses œuvres, vint lui rendre visite dans son grenier de la rue Traversière. Le grand écrivain lui demanda à brûle-pourpoint :

— Jeune homme, aimez-vous les chats ?

— Oui, Monsieur.

— Tant mieux, vous êtes mon ami, parce que si vous aimez les chats, cela prouve que vous savez aimer les gens sans vouloir être immédiatement payé de retour.

Quant au romantisme, on peut dire qu'il se caractérise par un amour profond pour la nature et pour les animaux. Les chiens firent alors leur entrée triomphale dans la littérature, sous la plume de Victor Hugo ou de Lamartine en particulier, qui non seulement les décrivirent, mais les aimèrent beaucoup.

Sur Lamartine, Maurice Toesca me raconta un épisode émouvant : « A la fin de sa vie, alors qu'il était souffrant et désargenté, il s'était attaché à une petite chienne, Finette. Un soir, elle tomba malade et le poète envoya aussitôt sa servante quérir un vétérinaire. Son anxiété était telle qu'il attendit l'arrivée de l'homme de l'art dans la nuit, devant sa maison. Enfin, quand celui-ci apparut :

— Soyez le bienvenu, lui dit Lamartine, cette pauvre Finette est bien malade.

Le visiteur entra dans la maison, découvrit le petit animal enfoui dans un berceau.

— Mais c'est un chien ! s'exclama-t-il avec stupéfaction. La servante, par erreur, avait fait appel à un médecin. Par chance, l'homme avait un cœur tendre. Il soigna l'animal et le guérit. De ce jour, il eut son couvert chez M. de Lamartine. »

Maurice Toesca cite aussi dans un de ses derniers livres consacré à un écrivain romantique, Xavier Forneret (tombé dans l'oubli et que André Breton avait fait réimprimer), prince de l'humour noir, né en 1809 à Beaune et mort en 1884 ruiné à un point tel que ses os furent enterrés dans la fosse commune.

Il n'a donc pas de tombe, alors qu'existe à Mimande celle de son chien mort quelques années auparavant et dont le mausolée de marbre porte cette épitaphe : « Ici est couché sous le pénible et reconnaissant souvenir de son maître le beau chien Bertram, mort à Beaune, à l'hôtel Brian d'une gastro-entérite le 28 novembre 1845 sentant et partageant ma joie et ma tristesse avec l'esprit et le cœur que trop de gens n'ont pas. Que cette petite pensée de pierre lui soit douce. »

Les écrivains n'ont cessé d'observer les animaux, de les décrire, de s'en inspirer, ainsi Baudelaire, Pierre Loti, Apollinaire, Paul Léautaud, Colette, Maurice Genevoix, pour ne citer qu'eux.

Je me souviens aussi de Roger Grenier racontant que Raymond Queneau, venant de perdre son chien, était atteint d'un tel chagrin qu'il n'avait pas voulu, en signe de deuil, se rendre à la remise d'un prix littéraire qui lui était décerné.

Écoutons enfin André Malraux nous parler des chats.

Dans *Les chênes qu'on abat*, il raconte :

LE COMBAT POUR LES ANIMAUX

— Je m'adresse à Geoffroy de Courcel : — Vous avez lu la dernière théorie anglaise sur Azincourt[1] ?

— Je ne crois pas.

— La tradition veut que les archers français n'aient pas pu se servir de leurs arcs, détendus par la pluie parce qu'ils n'avaient pas d'étuis, alors que les archers anglais en avaient.

— On n'est plus d'accord ? demande le général [de Gaulle].

— La nouvelle théorie dit ceci. L'Europe était alors parcourue d'immenses bandes de rats. Les Anglais seuls avaient des « capitaineries de chats ». Une des multitudes de rats a contourné l'armée anglaise, non par peur des chats, mais à cause de leur odeur. Elle s'est ruée sur les cordes graissées des arcs français.

— A Azincourt, dit le général, les archers combattaient avec des arcs ou des arbalètes ?

— Dans le film[2], avec des arcs... Tout ça est peut-être farfelu, mais un historien pourrait contrôler si l'armée anglaise possédait ou non des capitaineries de chats. Ça me plaît, cent vingt chats en rang.

— En faire vivre deux seulement, dit Mme de Gaulle, est déjà assez difficile !...

Souvent, quand nous faisons notre émission ou travaillons au journal, une question nous vient à l'esprit : pourquoi, comment un lien d'une telle force s'établit-il entre un être humain et un animal ? Quelles en sont les raisons ?

La question sera-t-elle jamais résolue ? En effet, les réponses sont multiples sans qu'aucune soit vraiment satisfaisante, car qu'y a-t-il de commun entre un président

---

1. La bataille d'Azincourt.
2. Il s'agit sans doute de *Henry V*, de Laurence Olivier.

de la République — de droite ou de gauche —, un ouvrier de chez Renault, un chanteur, un médecin, un artisan, une concierge, un avocat, un paysan, un chanoine, une mère de famille, une fillette, une vieille retraitée, un écrivain père de cinq enfants, un célibataire, une vieille fille, un vieux garçon, un comédien célèbre, un cadre moyen... sauf cette sensibilité-là ?

Pourquoi certains d'entre nous ont-ils besoin d'établir une relation avec un chien, un chat, un cheval ou un autre animal ?

L'énumération à la Prévert à laquelle je me suis livré plus haut rejette sans appel les interprétations « freudiennes » habituelles et simplistes. J'ai trop vu autour de moi des gens si divers, issus de milieux si différents, formés par des éducations opposées... et réagissant d'une manière si totalement semblable quand il s'agissait de leur chien, que le mystère reste épais.

Le désespoir récent d'un écrivain connu venant de perdre sa chatte qu'il avait depuis quatorze ans était tout aussi profond que celui de cette veuve de 72 ans qui m'a écrit : « Je viens de tout perdre, ma chienne Véra est morte hier. Nous étions ensemble depuis douze ans. J'espère mourir très vite maintenant. »

A voir combien le romancier, malgré une vie socialement riche, sa jeune femme, sa célébrité, son talent, ses dîners en ville, était aussi « déboussolé » que cette vieille femme sans ressource, sans famille, sans distraction, on se demande ce qui pouvait unir ces deux êtres dans leur peine. Il semble bien qu'à tous deux cette présence mystérieuse était indispensable... et que la gloire de l'un ne le consolait pas plus que la détresse quotidienne de l'autre ne minorait l'événement.

Je reste fasciné par ce mystère qui fait que ceux qui aiment les animaux en ont besoin pour vivre, sont différents des autres. Ces autres qui ont sûrement les meilleures raisons du monde pour ne pas « s'empêtrer d'une bête », ces autres qui règlent nos problèmes avec la fameuse petite phrase « ce n'est qu'une bête » qui en dit long.

J'aime bien parfois les scandaliser, ces autres, par exemple quand ils s'étonnent de mon amour pour mon chien et me questionnent :

— Enfin, si vous deviez choisir entre lui et une vie humaine, vous n'hésiteriez pas, tout de même ?

Je réponds chaque fois :

— Absolument pas, en effet, je sacrifierais la vie humaine.

— Comment, comment oseriez-vous ?

— C'est simple, si j'étais placé devant un tel pari stupide d'avoir à choisir entre mon chien et un être humain, par exemple en en poussant un dans le vide, j'aurais au moins la faculté d'expliquer à l'homme que je suis obligé de le faire ; mais comment trahir la confiance totale de mon chien en le poussant lui... comment lui dire : il faut que je le fasse. Comment lui expliquer... vous voyez le problème ?

Mon interlocuteur me regarde alors d'un air perplexe, se demandant si je suis sérieux ou si je plaisante.

Souvent, devant certains comportements humains, je me pose la question... moi aussi.

Quelle aurait été mon attitude si, par exemple, comme cela arrive encore à la campagne, quelqu'un avait tiré sciemment sur Mab pour le tuer ?

Je dois à l'honnêteté d'affirmer que si la tuerie s'était déroulée sous mes yeux, je n'aurais pas donné cher de la peau du tueur, quoi que cela eût pu m'en coûter ensuite.

De la même manière, si des adeptes de la chasse à courre voulaient à tout prix « servir » un cerf réfugié dans mon jardin, je crois bien qu'au nom de la loi sacrée de l'hospitalité et du droit d'asile, je tirerais... en l'air d'abord, et plus bas ensuite, si nécessaire. Car quand bien même la tradition de la vénerie aurait ses lettres de noblesse et — argument éculé du chasseur de tous poils et de toutes plumes — répondrait à une prétendue nécessité écologique, il n'en reste pas moins que le « plaisir de tuer » a succédé au « besoin de tuer pour survivre » des temps préhistoriques.

Ce « plaisir » ne devrait plus avoir droit de cité dans une société civilisée, bien que je puisse faire la différence entre un chasseur et son chien, qui parcourent des kilomètres en forêt ou en montagne et les véritables régiments du week-end qui provoquent des hécatombes en terrorisant les campagnes.

Qu'on y songe, et cette fois je veux bien faire appel à la psychanalyse, de nombreuses personnes opèrent un transfert affectif sur leur chien. Celui-ci devient membre de la famille. Souvent, il en est l'enfant unique...

Le couple ou la « dame seule » potentialise sur ce fidèle compagnon tout son amour, toute son affection refoulée, méprisée parfois par les humains. Et voilà que pour un aboiement intempestif, une histoire de mauvais voisinage, trois pieds de pommes de terre écrasés, quelqu'un tue cet « enfant ». Parce que pour ces maîtres, c'est leur enfant, leur vie, leur unique amour....

Que risque l'assassin ?

Rien, et dans le meilleur des cas — quand il est démasqué — presque rien. Alors le coup de fusil est facile. Les plus lâches, eux, utilisent la boulette empoisonnée ou laissent traîner un insecticide puissant. Les meurtres avec préméditation d'êtres vivants qui sont la seule raison de vivre de certains d'entre nous doivent être sanctionnés, selon les circonstances, au même titre que ceux des êtres humains, et si l'on doit réformer le Code pénal, il faudra tenir compte de cette nouvelle sensibilité.

Et ne dites pas que j'exagère.

Demandez-vous plutôt quel effet vous fait la mort de 1 000 personnes à Bombay comparée à celle de cette famille de votre quartier, que vous connaissiez un peu de vue, disparue dans un accident de la route, ou à celle de votre mère ?

Nous établissons tous une échelle de l'importance de la vie. La presse britannique — la meilleure du monde selon le cliché habituel — nous donne un bon exemple de cette gradation cynique : 1 000 morts dans une catastrophe naturelle à Bangkok ne valent que quelques lignes en page intérieure. 200 morts à Marseille : une colonne peut-être dans la page des faits divers étrangers... sauf, sauf s'il y a deux Anglais parmi les victimes... alors l'événement est relaté à la une !

Notre jugement est donc relatif et rien ne nous autorise à estimer qu'une vie est plus importante qu'une autre. C'est l'intérêt que nous portons à cette vie qui la rend importante à nos yeux. Elle doit par conséquent bénéficier de tous les égards inhérents à cette valeur.

Autre tentative de réponse au « pourquoi » que nous nous posons : ce sont souvent les conditions de vie imposées par le monde moderne qui nous conduisent à rechercher la présence de l'animal à nos côtés. Dans cet univers de bitume et de béton, nous pressentons sans doute que l'animal représente notre lien avec ce paradis presque perdu qu'est la nature. Le chien, c'est la horde, le chat le petit fauve. Les avoir sous nos yeux dissipe aussi une crainte confuse que nous restions la dernière espèce vivante sur terre.

Dans une civilisation qui tend vers l'uniformisation à outrance, où rien de ce qui nous appartient n'est unique, spécifique, l'animal nous fait échapper à la standardisation.

Mais l'une des grandes motivations qui nous fait rechercher sa présence, c'est sans doute la lutte contre la solitude. Car nous nous sentons de plus en plus seuls, de plus en plus isolés dans la multitude. Nous nous méfions, nous avons de moins en moins confiance en nos semblables et nous bloquons nos élans d'affectivité, considérés de nos jours comme des manifestations étranges, presque indécentes. Ce n'est souvent qu'avec l'animal que nous pouvons les libérer sans mesure, car il est disponible, réceptif et, dans sa grande simplicité et son innocence, reçoit notre message sans mépriser notre « faiblesse ».

Il est aussi moyen de communication, « signe de reconnaissance ». Observez deux personnes qui se croisent. Habituellement, leurs regards s'évitent. Si l'une d'elles tient un chien en laisse, l'autre, alors, la regardera. Si toutes deux promènent un chien, alors elles échangeront un signe de reconnaissance, un sourire, et souvent s'adresseront la parole.

L'amour des animaux crée un lien qui dépasse les clivages sociaux ou les chapelles de pensée.

François Nourissier, après avoir vu le journaliste et romancier Cavanna, invité à « Trente Millions d'amis, prendre avec son habituelle tendresse bourrue la défense des animaux, écrivait dans *Le Journal du dimanche* : « Quand je croise M. Cavanna, comme nous sommes réputés n'être pas du même bord, nous nous ignorons. Nous continuerons sûrement mais la prochaine fois, même sans lui faire la conversation, je sentirai pour lui un élan d'amitié. »

Le monde moderne, c'est aussi la menace de la guerre totale, qui enflammera peut-être la planète.

Certains jeunes couples, face aux incertitudes de l'avenir, ne désirent plus d'enfants et préfèrent adopter des animaux. En même temps, dans les familles nombreuses et unies, la présence des bêtes est fréquente. C'est sans doute alors parfois la réponse à une autre inquiétude : très tôt, les enfants quittent le sein de la famille et organisent leur propre vie. Restent le chien ou le chat, qui servent de liens affectifs quand les relations sont distendues, ou de substituts des enfants lointains.

LE COMBAT POUR LES ANIMAUX

Chez les personnes âgées, que notre civilisation abandonne de plus en plus fréquemment à leur sort, l'animal de compagnie constitue bien souvent la seule source d'affectivité, parfois même la dernière raison de vivre.

C'est pourquoi je trouve particulièrement odieux qu'on interdise à ces gens délaissés par tous d'emmener leur compagnon dans leur maison de retraite. Les nuisances sont-elles si grandes ?

L'administration sait-elle qu'en agissant ainsi elle opère une véritable mutilation morale ? Et se soucie-t-elle de l'animal abandonné, lui aussi promis à la mort ou à une séparation déchirante qui le marquera à jamais ? Non, sans doute pas.

Il faudra lutter, et lutter encore, pour que soient vaincues ces rigidités bureaucratiques.

Le monde moderne, c'est aussi la tension, l'agression continuelle.

L'animal familier, par sa seule présence, nous conduit à l'équilibre, à la sérénité. Dans l'émission « Trente Millions d'amis » nous avons montré le professeur Aaron Katcher, un savant américain dont les travaux font autorité, interrogeant une femme puis prenant sa tension. Celle-ci était très élevée. Ensuite, le chien de cette femme, un labrador, a rejoint sa maîtresse, qui l'a caressé, tout en continuant de parler au professeur.

On a pu voir alors que la tension de la patiente baissait très régulièrement...

Sans nul doute, les animaux de compagnie font faire à la Sécurité Sociale des économies non négligeables en matière de médicaments et de tranquillisants, car ils sont un puissant remède contre l'angoisse et le stress.

Des chercheurs s'intéressent de plus en plus à cet aspect des choses.

Ainsi, on sait que l'animal familier se révèle très efficace dans la thérapie des maladies de la communication. Aux États-Unis, les enfants et les adolescents inadaptés sont mis en contact avec des animaux, généralement des chiens. On a constaté que le premier mot que prononce un enfant autistique est le nom de l'animal qu'on lui a donné comme compagnon et qui l'a libéré de la forteresse de silence dans laquelle il se murait.

Le chien est aussi très bénéfique aux handicapés psychomoteurs, car il se plie à leurs maladresses avec une souplesse que ne possède pas toujours l'environnement humain, lequel adopte parfois une attitude inconsciente de rejet devant « l'anormalité ». On a aussi fait pratiquer l'équitation à des enfants infirmes moteurs. Guider un animal puissant les stimule et les incite à progresser dans le contrôle de leur propre corps. L'animalothérapie est promise à un fructueux avenir.

On peut constater que c'est dans les pays les plus techniquement évolués, et donc les plus nantis, que l'on trouve souvent le plus d'animaux de compagnie. Tel est le cas en particulier de la France.

Pourquoi avons-nous, proportionnellement à notre population, le plus grand nombre de chiens et de chats au monde ? Nous devançons les Américains et les Anglais — ces derniers ayant été pourtant les premiers à avoir promulgué des lois sur la protection animale. Une hypothèse peut être avancée : nos amis d'outre-Manche sont un peuple de commerçants, dont la civilisation s'est épanouie dans les villes avant de s'étendre dans les campagnes, alors que les Français, au contraire, ont longtemps été des ruraux pour qui la fréquentation des animaux était quotidienne et habituelle.

Les citadins que nous sommes peu à peu devenus ne sont souvent que des paysans transplantés, qui ressentent encore le besoin atavique d'un contact avec les animaux. Il n'est pas indifférent non plus de savoir que nous sommes aussi les champions du monde pour le nombre des maisons individuelles (maisons de campagne, résidences secondaires, petits pavillons, etc.). On peut voir là aussi une forme de retour à la terre...

Peuple nanti donc, où l'animal serait le luxe de ceux qui ont déjà tout ? Peut-être. Et pourquoi pas ? Il est à souhaiter que les pays en voie de développement puissent un jour s'intéresser autant que nous aux animaux de compagnie...

Enfin, je citerai pour dernière motivation à la possession de ces animaux le fait qu'il existe entre eux et nous un échange d'amour, un plaisir à être ensemble.

C'est peut-être la donnée apparemment la plus simple et la plus logique, mais en réalité la plus mystérieuse, car elle remonte à une origine commune qui se perd dans la création de l'univers...

En fait, le mystère subsistera sans doute toujours, car chacun d'entre nous donne une raison un peu superficielle pour justifier la présence d'un animal à ses côtés. En réalité, par pudeur, nous enfouissons le motif profond de cette relation dans notre « jardin secret ». Et c'est bien ainsi.

Quoi qu'il en soit, on peut se demander quelle est exactement, à l'heure actuelle, la situation des animaux dans nos sociétés.

Faire un bilan des comportements de l'homme envers eux dans l'ensemble du monde serait une besogne aussi énorme que complexe. On peut dire que coexistent à la fois le plus grand amour et la plus grande cruauté, ce qui reflète assez bien l'univers dans lequel nous vivons.

Si d'énormes progrès ont été réalisés dans la façon dont nous traitons les animaux de compagnie et même les animaux domestiques en général — encore que pour ces derniers beaucoup reste à faire — la manière dont, en revanche, nous nous conduisons envers les espèces sauvages est souvent égoïste et criminelle.

Des espèces entières, qui peuplaient la planète depuis des millénaires, ont brutalement disparu au cours du demi-siècle précédent, ou n'existent plus qu'à de rares exemplaires soigneusement protégés (comme les gorilles ou certains rapaces), tout cela parce que nous les avons trop chassées ou que nous avons détruit leur environnement.

D'autre part, l'attrait des pays européens et des États-Unis pour les animaux exotiques a entraîné un important trafic. Ces animaux, transportés dans d'horribles conditions, meurent souvent en cours de route. Pour pallier cet important déchet, les braconniers n'hésitent pas à capturer dix fois plus de sujets qu'ils n'en vendront. Quant aux bêtes qui survivent et trouvent acquéreur, leur destin n'est guère enviable. Elles sont le plus souvent condamnées à vivre dans des conditions totalement inadaptées et sous un climat dangereux pour leur constitution.

Le cinéma a une certaine responsabilité. Il est responsable de cette mode appelée le « daktarisme ».

Bien avant que passe sur les antennes cette série télévisée, qui montre la vie d'une famille entourée de singes, de lions, etc., les « majors compagnies » d'Hollywood ont produit des films ayant pour thème l'amour d'un fauve et d'un homme et le spectacle d'un tigre apprivoisé tué ou capturé par des « méchants » a toujours fait recette.

Mais c'est du cinéma. Dans la réalité, il en va tout autrement et ces histoires d'amour finissent presque toujours assez mal.

J'ai connu personnellement un homme qui avait adopté une louve. En compagnie de sa femme et de leur fillette, il donnait le biberon au bébé louve si mignon et si attendrissant. La louve, les mois passant, grandissait et se comportait comme un chien.

Elle adorait son maître. Bientôt, une « rivalité » l'opposa à sa maîtresse. Un jour, l'animal lui montra les crocs, un autre, elle tenta de lui sauter dessus. De plus en plus, elle manifestait une hostilité à cette « femelle » bipède. Avant qu'un malheur n'arrive, la famille décida de se séparer de cette bête, « redevenue » sauvage alors que son comportement à l'égard de son maître restait totalement soumis.

Aujourd'hui, la louve vit derrière les grilles d'une cage, dans un zoo de la région parisienne [1]. Elle attend toute une semaine, tout un mois, tout un trimestre, la visite de son maître et de sa petite maîtresse. Il faut voir la joie qu'elle manifeste alors et aussi la prostration qui s'empare d'elle quand la famille s'en va.

Ceux qui gardent auprès d'eux des animaux sauvages devraient méditer ce récit. Certains ne se rendent absolument pas compte qu'ils créent des besoins affectifs chez ces êtres — tant il est vrai que presque tous les animaux peuvent être apprivoisés — ce qui est cruel, car ils seront ensuite rejetés... parce que trop gros, trop encombrants, trop chers à nourrir, trop dangereux. Alors non seulement ils passeront le reste de leur vie dans un univers carcéral, mais ils seront sevrés d'une affection dont on aura suscité le besoin.

Avant de satisfaire leurs désirs ou leurs caprices, les hommes devraient réfléchir aux conséquences que ceux-ci entraînent pour le règne animal. De même, les tueries de bébés phoques ou d'éléphants pourraient parfaitement être évitées, si nous consentions à nous passer de manteaux de fourrure ou d'objets en ivoire.

---

1. Autre fait scandaleux : les conditions de vie dans certains zoos, dont beaucoup datent pour le moins du siècle dernier dans leur conception. Notre sensibilité nouvelle ne devrait plus tolérer des conditions d'incarcération qui conduisent certains de leurs pensionnaires au déséquilibre psychique, à l'automutilation ou à la folie. L'avenir est sans nul doute aux parcs naturels ou aux grandes réserves, où la chaîne écologique naturelle est reconstituée.

MABROUK, CHIEN D'UNE VIE

Les hommes, « espèce supérieure », doivent se rendre compte qu'ils n'ont pas un droit de vie et de mort sur les animaux, mais au contraire le devoir de protéger, de gérer le capital aussi bien animal que végétal de leur planète...

ÉPILOGUE

Junior

Et le petit est arrivé...

Toute l'équipe de l'émission savait que je voulais rester fidèle à la mémoire de Mabrouk, que malgré les nombreuses lettres que je recevais m'incitant à le remplacer, il n'en était pas question dans mon esprit.

Mais mes collaborateurs s'inquiétaient de me voir vivre dans une sorte d'état second. J'étais en manque, et ma peine ne s'apaisait pas avec les jours qui passaient. Depuis la mort de Mabrouk, j'avais perdu six kilos.

Alors le complot s'est organisé.

Chacun s'est mis à la recherche d'un chiot ayant l'allure de mon chien quand il était jeune.

Une de mes collaboratrices, qui est une amie très chère, l'a trouvé en Alsace, chez un éleveur amateur.

Un jour, au studio, on m'a demandé de visionner un petit film dans lequel gambadait un chiot.

— Qu'est-ce que vous pensez de ce chien ? Il est très amusant, non ?

Je sentais vaguement qu'il y avait quelque chose d'un peu inhabituel dans le comportement de chacun, mais je n'y ai pas trop fait attention. Oui, oui, je le trouvais beau, attendrissant.

Quelques jours plus tard, le chiot a débarqué chez moi en chair et en os. Il se tenait déjà bien droit sur le cul, donnait la patte, léchait tout ce qui était à sa portée et avait de drôles d'oreilles, chacune disant bonjour à l'autre.

Je n'ai pu y résister.

J'étais ému par ce petit être, ses mimiques, son « petit » nez, ses « petites » pattes, et bien sûr j'ai « bêtifié » comme le font tous ceux qui aiment les animaux.

J'ai pris le nouveau venu, j'ai pris Mabrouk Junior.

La première fois que je l'ai fait entrer dans mon bureau, je me suis mis à pleurer lamentablement. J'étais infidèle à Mabrouk, je pensais : « Mon pauvre vieux Mab, tu viens à peine de me quitter et déjà, un autre te remplace. » En même temps, j'étais attendri de voir Junior aller et venir là où jadis allait et venait Mabrouk...

Mais Mabrouk était toujours avec moi. Il était au générique de l'émission, il était dans mes pensées, il était dans tout le courrier que je recevais.

Junior n'effaçait pas son image.

Pendant le premier mois de notre cohabitation, la vie de Junior n'a pas dû être très facile. J'étais un peu comme ces veufs remariés qui, sans cesse, comparent les mérites de leur nouvelle femme à l'ancienne. Je demandais à ce bébé chien de se conduire comme un adulte, comme cet animal exceptionnel qu'avait été Mabrouk. Je ne parvenais pas à le juger en tant qu'individu, avec sa personnalité propre.

Et puis, à quatre mois, il jouait avec un enfant et celui-ci a lancé un ballon très haut, par-dessus sa tête.

Junior a sauté, s'est retourné en l'air puis est mal retombé.

J'ai entendu un hurlement.

Son fémur venait de se briser comme du verre.

Il hurlait comme seul un chien peut hurler quand il souffre.

Alors je suis retourné chez Klein, moi qui m'étais juré de ne plus jamais y revenir. J'ai revu la pelouse où

ÉPILOGUE

Mabrouk avait fait sa dernière promenade... la petite salle où il avait tant souffert et était mort. J'ai eu très mal...

Mais dans les bras, j'avais ce chiot, avec sa patte cassée.

On lui a mis un énorme plâtre et pendant quelques semaines, il s'est traîné, pitoyable, émouvant.

Je disais au souvenir de Mabrouk : « Tu vois, vieux, je suis bien obligé de m'occuper de lui, je ne peux pas le laisser tomber... »

Cet incident qui m'avait fait le prendre en charge, m'occuper de lui, m'a aidé à découvrir sa personnalité. Il commençait à *exister* réellement pour moi.

Puis on lui a ôté son plâtre. Comme pendant un mois et demi, il avait forcé sur sa hanche valide, on a fait des radios de contrôle. Celles-ci ont montré qu'il n'y avait aucun problème de ce côté. Il marchait, il courait parfaitement.

Et notre vie commune s'est organisée. Des rites se sont établis. Pourtant, quand il a atteint l'âge de douze mois, il m'a fait une peur bleue.

Cela se passait entre midi et quatorze heures, rue du Départ, à proximité des bureaux de T.F.1, près de la tour Montparnasse.

Ce jour-là, je n'avais pas de déjeuner d'affaires et je me suis contenté d'un sandwich dans un café. Junior était avec moi. Il semblait un peu agité, sans que je puisse en déterminer les raisons. En l'observant, une idée m'est soudain venue : bien qu'il ait l'aspect extérieur d'un adulte, ce chien était encore très jeune. Il était parfois « tout fou », avait des frayeurs inexpliquées. Il fallait faire attention, il risquait de faire des bêtises à tout moment.

Nous sommes sortis, j'ai pris sa laisse dans ma poche afin de l'accrocher à son collier... et à ce moment, un adolescent qui courait sur le trottoir sans regarder devant lui l'a heurté avec violence, s'est étalé...

Junior a hurlé de peur, puis s'est mis à courir droit devant lui.

J'ai sifflé.

Je l'ai vu se retourner une seconde, puis reprendre sa course et se perdre dans la foule.

Je me suis mis à courir à sa poursuite, questionnant fiévreusement sur mon passage pour savoir si on avait vu passer un berger allemand, et j'ai commencé à paniquer. Junior était perdu, oui, j'étais sûr qu'il était perdu, que je ne le retrouverais jamais dans cette immense ville. D'ailleurs, tout était de ma faute : on ne détache pas un chien de sa laisse à son âge, même s'il a déjà montré son intelligence, son équilibre. J'avais fait preuve d'une trop grande confiance...

Quelques jours auparavant, je m'étais sermonné, en me disant : « Avec Mab, tu étais tout le temps angoissé, il faut changer de comportement, c'est vraiment un peu anormal, cet attachement, tu ne vas tout de même pas recommencer avec celui-là ! Mets-toi bien dans la tête que les chiens, comme les hommes, ont leur destin écrit, et que si le destin de Junior est de s'enfuir, ou de se faire écraser, tu n'y peux rien, il faut que tu te fasses à cette idée... »

Facile à penser, facile à dire, quand on raisonne à froid !

A présent que je courais à la recherche de mon chien, je me sentais terriblement déchiré. Junior... Il me semblait soudain que je vivais avec lui depuis des années, tant sa présence m'était indispensable.

— Oui, j'ai vu le chien, m'a affirmé une gosse de quatorze ans, il allait vers la tour.

Je l'ai crue tout de suite, d'abord parce que cela me rassurait, ensuite parce que cela prouvait que Junior avait retrouvé le chemin du bureau, ce qui n'était pas illogique.

Je suis arrivé devant les ascenseurs.

Il n'était pas là. J'ai questionné les gens, nul ne l'avait vu.

ÉPILOGUE

Alors je suis reparti vers Montparnasse, cherchant au hasard dans la foule, croyant le voir à chaque instant, sans cesse déçu. Mon angoisse s'amplifiait, me montait à la gorge, m'asphyxiait.

Je suis revenu au bureau, exténué, en m'obligeant à rester calme, et j'ai alerté l'équipe, qui s'est tout de suite mise à l'œuvre. Certains sont partis chercher dans les rues du quartier, tandis que d'autres téléphonaient à la Préfecture, dans les commissariats de quartier. Le service « S.O.S. animaux perdus » était bien rodé...

Et si Junior était dans un parking ? Quelques mois auparavant, le directeur d'un parking nous avait signalé la présence d'une chienne berger allemand mâtinée, au cinquième sous-sol, qui s'enfuyait à son approche, mais acceptait de la nourriture. Nous nous étions rendus dans ce parking en compagnie d'un dresseur. L'animal s'était réfugié sous une voiture et, en désespoir de cause, le dresseur lui avait lancé une boulette de viande contenant un produit qui l'avait un peu endormi. Nous avions ainsi pu récupérer la chienne, que nous avions baptisée Pretty, et mise en pension chez le dresseur avant d'exposer son cas dans l'émission. Une dame merveilleuse avait alors spécialement fait le voyage depuis Bordeaux pour venir l'adopter et nous savons depuis que Pretty est très heureuse avec elle.

Le parking... Oui, Junior s'y trouvait peut-être...

Mais là aussi, les recherches ont été vaines.

Je me sentais d'un pessimisme noir. Tout était fini, mon chien avait été sûrement écrasé par une voiture, la fatalité avait frappé de nouveau. Peut-être n'étais-je pas destiné à garder un chien auprès de moi ? Mille pensées de ce genre passaient dans ma tête...

Et puis je me suis secoué. Je devais réagir, repousser cette ridicule idée de fatalité. Nous avons prévenu les stations de radio et aussitôt, France Inter, R.T.L., et Europe 1 ont commencé à diffuser des messages annonçant que Junior avait disparu vers 14 heures dans le quartier Montparnasse, le décrivant, demandant aux auditeurs qui l'auraient aperçu de se manifester.

Pour me donner du courage, je me suis remémoré une aventure qui s'était déroulée peu de temps auparavant. J'avais lu dans *France-Soir* un petit écho, où un homme annonçait qu'il recherchait son chien. Suivait une description assez triste : *mâtiné de labrador, 19 ans, n'ayant plus de dents, à moitié paralysé des hanches...* Ému par le drame que sous-entendaient ces lignes, j'avais téléphoné au journal et on m'avait mis en contact avec le propriétaire, un commandant de bateau qui, de passage à Paris, avait perdu son chien. Nous avions lancé un avis de recherche spécial... et une heure après le passage de l'émission sur l'antenne, on nous téléphonait que le pauvre animal avait été recueilli par une concierge.

Junior aurait-il cette chance ?

A dix-sept heures cinq, le téléphone a sonné.

On m'a annoncé :

— Votre chien a été retrouvé.

— Où est-il ? Il n'est pas blessé ?

— Apparemment non. Il est dans la cour d'un immeuble, 30 rue Gay-Lussac.

Rue Gay-Lussac...

Tandis que je courais vers ma voiture, je cherchais à comprendre comment il avait pu arriver jusque-là, en traversant plusieurs artères à grande circulation, faisant plusieurs kilomètres dans Paris alors que je lui avais appris à ne pas traverser sans moi... Comment ce bébé tout fou avait-il fait ? Mentalement, je refaisais son parcours : Raspail... Montparnasse... Port-Royal... Nous étions mercredi, la circulation était intense, c'était incroyable !

A présent que j'ai le temps de réfléchir avec une certaine sérénité, je pense que trois choses se sont produites.

Tout d'abord, ce que j'appellerai, faute de mieux, un

ÉPILOGUE

miracle. Ensuite, un phénomène nouveau et important : les automobilistes, dont on sait la propension dans les villes à « foncer » dès que s'ouvre un peu d'espace libre, respectent de plus en plus les animaux.

Enfin, je crois que ce qui lui a aussi sauvé la vie, c'est qu'il était déjà habitué à traverser avec moi, au rouge et dans les clous. Malgré sa folie passagère, sa panique, il a dû néanmoins marquer un temps d'arrêt avant de traverser, puis s'engager avec les passants. Finalement, ce que je lui avais inculqué lui a peut-être sauvé la vie...

Ma voiture s'est arrêtée devant le 30, rue Gay-Lussac, et je me suis précipité. Deux hommes m'ont accueilli, des plombiers qui travaillaient dans la cour. Ils m'ont expliqué qu'ils avaient vu surgir ce chien, qui s'était mis à monter et à descendre les escaliers avec l'air de chercher quelqu'un. Ils avaient ensuite entendu le flash à la radio, mais ne s'étaient pas décidés à venir examiner la médaille de « Trente Millions d'amis » qui pendait au collier du chien, car avec sa taille, il avait quelque chose de dissuasif. Comment savoir s'il était méchant ou gentil ? Finalement, ils étaient parvenus à le faire entrer dans un cagibi, au fond de la cour.

C'est là que j'ai retrouvé mon Junior.

Immédiatement, il m'a sauté dessus, m'a léché, c'était la grande fête, la joie folle, le déferlement après tant d'angoisse !

J'ai mis huit jours pour me remettre vraiment de cette grande peur.

Lui aussi a été traumatisé, je le sens. Il n'aime plus tellement venir à Montparnasse, il est toujours un peu inquiet quand nous passons dans les rues de ce quartier. Il se souvient d'avoir désobéi, d'avoir enfreint les interdits, ce qui l'a conduit à cette errance désespérée. Oui, il a dû beaucoup souffrir et souffre encore.

Je ne sais quelle leçon il en a tiré, mais quant à moi, je

ne le laisse plus sortir dans la rue sans le tenir fermement au collier.

Junior...

Quand nous sommes dans mon bureau, je suis toujours frappé de constater qu'il se place à l'endroit exact où se tenait Mabrouk.

A la campagne, il en est de même. Il occupe là aussi toutes les places qu'affectionnait Mabrouk, mais il ne foule jamais le sol de sa tombe, toujours fleurie, ne touche jamais au ballon abandonné à proximité, et qui pourtant ressemble au sien.

Par la fenêtre, je crois parfois apercevoir Mabrouk. Il arrive alors que pendant quelques secondes, les deux images se superposent.

Quand je jouais au tennis, j'allais souvent, après la partie, prendre un rafraîchissement dans le bar du club. La propriétaire, dès que nous pénétrions dans la petite salle, apportait à Mabrouk un seau à champagne plein d'eau fraîche avant même de s'enquérir de ma commande, car elle était une admiratrice de Mab et une fanatique de l'émission. Ce comportement nous amusait beaucoup et le souvenir s'est ancré en moi de Mabrouk buvant dans son seau, la médaille de son collier cognant contre le rebord de métal du récipient.

Il y a quelque temps, alors que je m'attablais avec un ami dans un restaurant, j'ai demandé qu'on apporte de l'eau à Junior dans un seau à champagne, et alors que nous discutions, mon ami et moi... j'ai entendu le petit tintement de la médaille contre le métal. J'ai dit alors sans m'en rendre compte : « Tu vois, il est content, *il a retrouvé son seau...* » Pendant une fraction de seconde, Junior était Mabrouk et Mabrouk était vivant.

Aujourd'hui, Junior existe vraiment, avec ses défauts et ses qualités, mais j'ai quand même l'impression que Mab revit en lui...

ÉPILOGUE

Il a maintenant l'âge qu'avait Mabrouk quand je l'ai acheté, ce qui me permet quelques comparaisons.

Leurs personnalités sont très différentes. Junior a l'esprit vif, il « pige » tout de suite. Par exemple, lorsque nous devons changer d'itinéraire pour nous rendre au parking, ce qui arrive une ou deux fois par semaine, Junior trouve toujours le bon chemin, alors que Mabrouk et moi hésitions toujours à nous repérer dans ce labyrinthe du sous-sol. Il est vrai que Junior a, très tôt, partagé ma vie, et n'a pas eu à s'adapter à une nouvelle existence.

Peut-être est-ce l'explication de la prestation étonnante qu'il a fournie — quelques jours avant que je mette un point final à ce récit — à la neige où il a prouvé qu'il pourrait un jour s'appeler Mabrouk Junior.

Nous étions revenus à Megève où Mabrouk avait fait l'unanimité en descendant la piste du téléphérique et en précédant une haie de moniteurs.

Pour Junior, nous avions décidé de mettre à l'épreuve son instinct en le faisant participer à une opération de chiens d'avalanche, exercice pour lequel bien entendu il n'a jamais été dressé.

Ce fut époustouflant.

Placé d'emblée dans les conditions réelles de recherche de victimes ensevelies par une coulée de neige, il a réussi en quelques instants à retrouver les personnes qui, pour la circonstance, avaient été enfouies dans un trou de deux mètres de profondeur.

— Et pourtant, déclarait après ce succès le responsable pour la Haute-Savoie du secours en montagne et de la formation des chiens d'avalanche, ce n'était pas son maître qui était dans l'excavation et celle-ci était bouchée, alors que d'habitude, pour la première fois, c'est le maître que le chien doit retrouver et surtout le trou reste ouvert.

Quand j'ai dit à Junior « cherche ! »... il est parti dans la direction opposée à celle où je croyais avoir vu disparaître ceux qu'il devait retrouver.

En fait son flair ne l'avait pas trompé, c'est lui qui avait raison.

Voilà sans doute pourquoi j'aime les bergers allemands qui dans leur grande majorité ont, inscrit dans leurs gènes, ce côté sauveteur.

Ce jour-là, c'est vrai, mon petit Junior m'a bien épaté [1].

En revanche, il n'a pas le caractère de Mabrouk, qui portait ce dernier à vouloir sans cesse me faire plaisir, me montrer qu'il m'aimait. Son adoration le poussait à mettre toutes ses forces, toute sa volonté, toutes les ressources de son intelligence, à réaliser ce que j'attendais de lui. Nous avions une complicité rare, unique, que je ne retrouverai chez aucun chien, je le sais.

Quand nous nous trouvions en public, que ce soit sur un plateau de télévision ou lors d'un cocktail, on me faisait observer : « Votre chien vous regarde sans cesse... » C'est vrai qu'il me guettait, qu'il voulait maintenir partout ce contact magique qui nous liait. Quand quelque chose ou quelqu'un faisait écran, et bien que je lui aie ordonné de ne pas bouger, il se déplaçait lentement, millimètre par millimètre, afin de pouvoir de nouveau me regarder, et se trouver lui aussi sous mon regard.

Je crois qu'un tel amour, un tel désir de communication continuelle, étaient dus en partie au fait qu'il avait connu les cages de béton de l'éleveur, l'abandon, la

---

1. Certains téléspectateurs se sont émus devant les « prouesses » de Mabrouk et maintenant celles de Junior. « Ne travaille-t-il pas trop ? » demandent-ils.

Je veux rassurer ici ceux qui ont pu craindre que nous fatiguions Mabrouk. En réalité, mon chien n'a tourné que tous les six mois et, grâce à son intelligence, les tournages ne duraient qu'un ou deux jours. Durant une journée, il n'exécutait aucun exercice plus d'un quart d'heure et donc ne travaillait qu'une ou deux heures dans la journée. C'est dire qu'il en faisait mille fois moins que les chiens de l'armée ou de la gendarmerie.

En fait, pour lui, ces tournages constituaient des jeux et représentaient moins d'efforts que son entraînement quotidien, nécessaire à son équilibre et à sa santé ! Junior n'a pas un rythme de travail plus intense.

ÉPILOGUE

solitude, alors que Junior, lui, est un enfant gâté. Pour m'obéir, il utilise son intelligence, là où Mabrouk faisait don de lui-même.

Si Junior est un beau chien, Mabrouk avait, lui, une réelle noblesse dans son port de tête, ses attitudes. C'était un seigneur, héritier d'un très riche pedigree — un pedigree qui, pour son malheur, comportait un trop haut degré de consanguinité, d'où une plus grande fragilité physique. Oui, Mabrouk était un seigneur, et tous ceux qui l'ont rencontré lors d'une émission étaient frappés par cette façon qu'il avait de se comporter comme une sorte d'hôte, de maître des lieux recevant ses invités. Je revois aussi tous ses gestes d'affection, qui étaient si pudiques. Il s'extériorisait assez peu, se montrait d'une extrême retenue. Lorsqu'il lui arrivait de me lécher, c'était de sa part un acte exceptionnel. Le plus souvent, il se contentait de sortir la langue et d'esquisser le geste sans l'exécuter.

Mabrouk...

Un beau matin — c'était en février dernier — une de mes collaboratrices entra dans mon bureau et me dit :

— Je vous en prie, il y a une petite fille qui veut absolument voir Junior. C'est une fan de Mabrouk, elle voudrait que vous lui dédicaciez un poster. Soyez gentil, recevez-la une minute.

— Qu'elle entre.

Je vis arriver un petit bout de femme — 11 ou 12 ans — blonde, les yeux bleus, un gros pull-over gris tombant sur un blue-jean, un énorme cahier sous le bras et un poster de Mabrouk à la main.

Elle entra, d'un pas à la fois décidé et réservé.

— Bonjour, monsieur Hutin.

Avant qu'elle ait pu ajouter autre chose, Junior bien entendu s'approcha d'elle et lui fit la fête.

Elle se mit à l'embrasser.

— Ah voilà Junior ! Il est plus beau qu'à la télé ! Mon Dieu, je ne me rendais pas compte qu'il était si beau !

Puis relevant la tête et me regardant, elle me dit avec un air grave :

— Il n'est quand même pas aussi beau que Mabrouk.

— Tu connaissais Mabrouk ?

Une lueur de reproche apparut dans ses yeux. Comment pouvais-je douter ?

Sans un mot elle me tendit alors son cahier.

Toutes les photos de Mabrouk — je dis bien toutes — y étaient collées soigneusement avec des légendes, des annotations précises. Un travail de bénédictin.

— Comment t'appelles-tu ?

— Laurence.

— Où habites-tu ?

— A Pontoise.

Je commençais à me prendre pour Jacques Martin.

— Comment es-tu venue ?

— Par le train.

— Avec tes parents ?

— Non, seule.

— Mais comment as-tu fait pour avoir toutes ces photos ?

— Oh, je lis tout et puis je vais dans les rédactions des journaux : à *Télé-7-Jours*, à *Trente Millions d'amis*, à Versailles et je leur demande de me donner des photos de Mabrouk. Je l'aimais tant ce chien. Vous pouvez me dédicacer le poster ?

— Bien sûr.

Alors que je lui écrivais une phrase d'amitié, elle demanda, désignant les photos derrière moi :

— Est-ce que je peux regarder les photos de Mabrouk qui sont là ?

— Bien sûr.

Elle contourna doucement mon bureau et détailla, une

ÉPILOGUE

par une, la vingtaine de photos placées sur une étagère. Je vis ses yeux s'embuer.

Elle me communiqua son émotion.

Elle me regarda et me demanda :

— Est-ce que je peux vous embrasser ?

Nous nous embrassâmes comme s'embrassent ceux qui veulent se réconforter.

Elle reprit son cahier, son poster et je la raccompagnai à la porte. Elle devait être heureuse car elle me dit :

— Ah je ne croyais pas que le maître de Mabrouk serait aussi gentil !

Nous nous sommes embrassés encore une fois.

Depuis je pense souvent à Laurence, petite fille adorable qui n'a pas froid aux yeux, et je songe à la force du souvenir de Mabrouk qui a enchanté la vie de tant d'enfants.

Je rencontre aujourd'hui des jeunes filles ou des jeunes hommes de dix-huit ou vingt ans, âge où l'on ne regarde pas tellement la télévision, mais tous connaissent Mabrouk. Entre dix ans et seize ans, il a fait partie de leur vie et est devenu un chien de légende...

Pourquoi ne pas le faire revivre ?

Il m'arrive souvent de penser au projet que nous avions avec José Giovanni, de faire de Mabrouk le héros d'une série de télévision.

Flicka, Rin-tin-tin, le Prince noir, Lassie, Joe le fugitif, sont aussi célèbres que Cary Grant, Ava Gardner ou Gary Cooper, et Mabrouk — en tout cas en France — a rejoint au firmament de la gloire les grandes vedettes de Hollywood, bien qu'il n'ait jamais participé à un film romancé du genre *L'Appel de la forêt* qui a fait user tant de mouchoirs depuis près de quarante ans ! On imagine sa popularité s'il avait joué dans une série mise en scène par un réalisateur tel que José Giovanni.

Le destin en a décidé autrement, mais il n'est pas impossible qu'un jour je rende un dernier hommage à

Mabrouk en évoquant son histoire, à l'aide de ses frères et sœurs de race. Ce serait la meilleure façon de perpétuer son souvenir...

Je sais qu'aujourd'hui, dans toute la France, il y a des petits Mabrouk qui courent, sautent, jouent, vivent. Leurs maîtres m'ont écrit qu'ils ont baptisé ainsi leur chiot en mémoire de Mab, qui continue de vivre dans le cœur de tous ses millions d'amis.

Au moment où j'écris les dernières lignes de ce récit qui se veut à la fois témoignage et combat en faveur de la cause animale, je lève les yeux de mes feuillets et je vois Junior courir dans le jardin, le long de la haie.

Un rite se poursuit à travers le temps.

Le chien du voisin, Poppins, court de l'autre côté de la clôture, comme il le faisait avec Mabrouk qui, étant un peu faible des hanches, surtout dans les derniers mois, rusait. Par exemple, il « pilait » quelques mètres avant d'atteindre l'extrémité du parcours et repartait le premier dans l'autre sens, à la grande fureur de Poppins.

Maintenant, c'est Junior qui est son partenaire.

Face à ce jeune et fougueux berger allemand, Poppins, qui commence à vieillir, « ruse » à son tour, utilisant les trucs que lui a appris Mabrouk.

Au début, malgré sa puissance et sa jeunesse, Junior était régulièrement vaincu.

A présent, lui aussi commence à comprendre toutes les astuces utilisées par son adversaire et à les mettre en œuvre. Je le vois attendre, fesses crispées, puis bondir comme un véritable sprinter, filer comme un fou le long des lauriers en faisant des bonds de jeune cabri, heureux de se battre, heureux de vivre, heureux de sa jeunesse...

Quelque chose de Mabrouk est en lui.

Mabrouk n'est pas vraiment mort, il vit en Junior, il vit en moi.

TABLE DES MATIÈRES

I.
MORT D'UN AMI/9

II.
J'ÉTAIS SON MAÎTRE/109

III.
LE COMBAT POUR LES ANIMAUX/191

ÉPILOGUE/235

*Achevé d'imprimer en octobre 1984
sur presse CAMERON
dans les ateliers de la S.E.P.C.
à Saint-Amand-Montrond (Cher)
pour le compte des éditions Robert Laffont*

Dépôt légal : mai 1984.
N° d'Édition : L.121. N° d'Impression : 1863.